ブランディング
ファースト

株式会社グロウ・リパブリック 代表取締役
エグゼクティブクリエイティブディレクター

宮村 岳志
Takeshi Miyamura

選ばれるか？

より高く買ってもらえるか？

時間を使ってもらえるか？

熱狂してもらえるか？

カギは、ブランディング。

でも、それだけじゃない。

ブランディングは資産だ。

ブランディングは導きだ。

ブランディングは幸せづくりだ。

ブランディングは効率化だ。

さあ、見つけに行こう。

あなたの会社らしさを。

会社が進むべき道を。

そして、仲間たちが、

ここで働く意味を。

いま、はじめよう。

BRANDING FIRST

はじめに

　自社の売上・利益を増やしたい——。

　広告宣伝をそれほど行わずとも、自分から自社の情報を取りに来てくれる「ファン」と呼べるお客さまを増やしたい——。

　優秀な人材が入社し、また社内の優秀な従業員が離職しないようにしたい——。

　このように思わない経営者は、おそらく少数なのではないでしょうか。また、現場目線では、自社が「やりがいのある、労働条件の良い会社」であってほしいでしょう。

　本書は、これらの希望をかなえる最良の戦略が「ブランディング」である——とお伝えするために書いた本です。

　しかし、このように言われても、いまひとつピンと来ない方も多いのではないでしょうか。中には「ブランディング」と聞くと、「無駄なもの」「お金だけがかかってあまり成果のないもの」「資金に余裕のある大企業以外には関係のないもの」といったネガティブなイメージをお持ちの方も少なくないかもしれません。

　私が代表を務めるグロウ・リパブリックは、ブランディングを手掛けるクリエイティブ・コンサルティング会社です。先ほど紹介した意見は、私たちが現場で強く感じているものでもあります。

　かつて、1980年代から90年代にかけて、「ブランディング」という言葉

がもてはやされた時代がありました。しかし、当時のブランディングとは、一部のビジュアル面にのみ紐づけられたものがほとんどでした。

　億単位の巨額予算をかけて、コーポレートアイデンティティ（CI）の一部——ロゴマークや社名などを変更する企業が数多く出た「CIブーム」をご記憶の読者もいらっしゃるかもしれません。

　私たちが現場で感じる「ブランディング」という言葉に対する間違ったイメージの多くは、この時代に植えつけられたものだと思われます。実際、CIブームの時代にブランディングを実施したものの、単に「ロゴマークが変わっただけ」としか評価しようのない結果に終わった企業も多々ありました。

　こうしたエピソードに心当たりのある方は、ブランディングにマイナスイメージをお持ちになっていても当然かもしれません。

　しかし、私たちの考える真のブランディングとは、ありとあらゆる企業が取り組むべき施策であり、なおかつ、非常に効果が高い施策であり、そして、人口減少時代に伴って遠からず訪れる、「グローバル社会を舞台とするビジネス」で生き残るために、必要不可欠なものであると確信しています。

　これが、私の主張であり、一番にお伝えしたいメッセージです。

　本書は、その根拠となる、現在の企業を取り巻く状況、ブランディングの基本的な知識や考え方、効果、方法論をお伝えするものです。

　著者として、すべてのビジネスパーソンに、ブランディングの真の意味や重要性を知っていただきたいと考えていますが、特に、これから事業を

拡大させたい、あるいはリニューアルしたいとお考えの中小企業の経営者やボードメンバー、経営企画室やクリエイティブの担当部署にお勤めの方には、ぜひともお読みいただきたいと願っています。

　ここで、経営者・ボードメンバー・経営企画室に並んで、「クリエイティブ」とあることに違和感を覚えた方もおられるかもしれません。

　ですが、これは非常に重要なポイントです。なぜなら、私がブランディングの柱と考えるのは、クリエイティブの中にある「デザイン」であるからです。

　「ロゴマークを変えただけでは、意味がないのでは？」と思われた方もいるかもしれませんが、私たちの考える"デザイン"とは、単にビジュアルを創造するためのものではありません。

　欧米では、経営とデザインは切っても切り離せないのものとする考えが根づいています。

　そのような先行事例も調査した「産業競争力とデザインを考える研究会」の報告を経済産業省と特許庁が取りまとめ、2018年に発表された『「デザイン経営」宣言』という報告書があるのですが、この報告書では、企業がデザインに投資した金額に対して、「営業利益」が4倍、「売上」は20倍になり、米国の株式主要500銘柄の中で「デザインを重視する企業の株価」は500銘柄全体と比べて2.1倍に成長しているという調査が紹介されています。

　もちろん、売上や利益、株価が上下する理由もさまざまです。また、厳密に調査するなら、たとえば同じ企業に「デザインに力を入れない経営」を5年させて、タイムマシンで5年前に戻り、「デザインに力を入れる経営」をさせた上で、結果を比較するべきでしょう。

とはいえ、私は自らの経験から、この調査結果は決して眉唾ものではないと強く確信しています。

また、設備投資や新しいシステムあるいはテクノロジーの導入には、億単位のお金が必要になるのがザラですが、デザインはそれほど多額の費用がかからない点もポイントです。この調査結果からもわかるように、投資対効果（ROI）も非常に優秀です。イーロン・マスク率いるテスラは、数兆円単位の売上を誇る企業ながら、デザイナーの人数はそう多くはないそうです。少数精鋭で成立するセクションなので、中小企業なら1〜5人の雇用で十分でしょう。

私たちは、ブランディングを主軸とするクリエイティブやデザインワークを手掛けています。創業から17年間、競合との差別化に悩む約400社以上に及ぶクライアントのお手伝いをさせていただき、そのお役に立ってきた自負があります。本書は、そうした実践の中でわれわれが積み上げてきたノウハウを中心にまとめたものです。

「ブランディングにそんな効果があるのか？」「デザインがブランディングに寄与するという意味がわからない」と感じる方にこそ、本書をお読みいただきたいと思っています。

ブランディングは、そしてデザインは、決して聞こえや見栄えが良いだけの実効性のない施策ではありません。ぜひ、その真価を知り、貴社の発展にご活用ください。

本書は、全5章からなります。

Chapter 1では、ブランディングが単にロゴマークなどを変えるだけの

施策ではなく、中小企業にも必要不可欠な「経営戦略」であることをお伝えします。

　Chapter 1で上記のような誤解も多い「ブランディングのイメージ」を上書きした上で、Chapter 2では、ブランディングで得られる「実際の効果」を説明しながら、「具体的な進め方」を解説します。

　Chapter 3では、ブランディングと同じく、単にビジュアルを作成する業務と思われがちな「デザイン」の意味を再定義し、それがいかにブランディングにおいて重要であるのかを解きほぐしていきます。

　Chapter 4では、近年「インナーブランディング」として注目を集める、ブランディングが社内に及ぼす効果、その重要性についてお話しします。

　そして最後のChapter 5では、Chapter 1から4の内容を踏まえたまとめと、読者のみなさんの中でブランディングとデザインの定義が変わった（Chapter 5までお読みいただければ、そうなっているはずと確信しています）状態で、改めて重要な経営戦略であるブランディングを成功させるためのポイント――経営者やボードメンバーが持つべきマインドセット等をお伝えします。

　近年はクライアントからの紹介などで、私たちもブランディングおよびリブランディングの相談を受ける機会が増えていますが、それでもブランディングの本質、効果を理解している方はとても少ないのが事実です。

　私たちは現在、（機械・電気における）産業革命に匹敵する、大きな社会・産業構造の大変革期の真ん中にいます。すでに、各種産業やメディアで起こり始めている、IT技術の活用を中心とした「企業の世代交代」が、今後あらゆる産業で起こることは明らかです。そのような中、私は一人の人間、

日本人としては、年々危機感が大きくなっています。

　「このままでは、日本の企業は、人口が減り、少子高齢化が加速するペースよりも早く、凋落してしまうのではないか……」

　そんな不安を覚えずにいられないのです。

　いま、アジアの中の日本、世界の中の日本の存在感がどんどん小さくなっていっています。

　日本にもっともっと元気な企業やサービス、ブランドが増えなければ、自分はともかく子どもたちの世代は、夢や希望を持って幸せに生きることができないのではないか──。

　そうならないためには、ブランディングやデザインの力で、かつてのように日本企業が世界を股にかけ、躍動できるようになる必要があるのではないか──。

　私は、そう考えています。

　「なぜ、ブランディングやデザインの力でそれができるのか？」と思う方に対する回答は、本編で詳細にお話ししたいと思いますが、ここで1つだけ、質問をさせてください。

　みなさんの会社は、経営を、企画を、商品・サービスの中身を、営業を、広告を、おろそかにしているでしょうか？

　満足できない点や、改善したい点は多々あるに違いありませんが、これらを完全にないがしろにしている企業などそうないはずです。われわれは

海外案件に関わる機会もありますが、私自身も、上記の点で日本企業が特に劣っているとは思いません。

　世界の大学ランキングなどを根拠に、日本の競争力低下が叫ばれて久しく、実際に、あぐらをかいていられる状況ではないでしょう。ただし、少なくとも現時点では、日本人の勤勉さ、優秀さは、まだまだ世界に誇れるものだと感じます。

　とはいえ、そんな中で、ブランディングやデザインに対する意識だけは、世界から大きく水をあけられていると言わざるを得ません。私はそのせいで、豊富なリソースを持つ企業でも苦戦してしまっているのではないかと考えています。

　私自身もいち経営者であり、経営の大変さや、経営者のみなさんの抱える課題、不安や焦り、重圧といったものも含めて、肌で実感しているつもりですが、そうしたものを一つひとつ解決していくことで、売上・利益ともに成長し続けています。僭越ながら、"ブランディング"と"デザイン"の正しい知識と実行力については、多くの経営者の方々よりも一日の長があると自負しています。

　近年、苦戦が続いている企業と、そうでない企業の差は、そこにあるのではないかと感じるのです。

　本書では、紙幅の問題もあり、概念や方法論が中心になっています。

　技術的な細かい内容にはあまり触れていませんが、その分、経営者や経営企画室のメンバーに知ってほしいこと、ブランディングに経営資源を割くか否かを検討するに足る知識は、しっかりと盛り込んでいきます。

　しつこいようですが、ブランディングを無意味だと感じる方にこそ読ん

でいただきたいと考えています。そんな方々のイメージを一新するのが本書の目的なのですから。

　私の願いは、広告費を湯水のごとく使ったり、設備投資に社運をかけたりするよりも前に、「ブランディング」と「デザイン」への投資を検討する企業が増えることです。本書の書名『ブランディング・ファースト』には、そのような願いを込めました。

　最後までお読みいただければ、ブランディングが利益や株価等の企業価値につながる理由と、真のブランディングにはデザインが必要不可欠であることをご理解いただけるはずです。

　みなさんに、ブランディングとは、単なる広告やマーケティング、必然性のないCIの変更などとはまったく別物であることを知っていただき、自社のビジネスに活用し、事業をドライブさせる企業が増えてほしい——という思いを込めつつ、書き進めていきます。

　どうか、最後までお付き合いください。

株式会社グロウ・リパブリック
エグゼクティブクリエイティブディレクター
宮村 岳志

BRANDING FIRST

CONTENTS

Chapter 3 ネクストブランディングにおけるデザインの力

Chapter 4 ブランディングの本質は「インナー」にある

Chapter 1

ブランディングは「経営戦略」である

中小企業にいま最も必要な施策は
ブランディングである

"ブランド" とは、"ブランディング" とは
何なのか？

　最初に、本書における "ブランド" と "ブランディング" の意味を定義しておきましょう。

　ブランド (brand) の起源は、畜産家が牛に、区別のための焼印をつけたことにあります。家畜やワインの酒樽などに、産地等の区別をするためにマークを入れたわけです。

　今日、ブランドと聞くと、フェラーリの跳ね馬やアップルのリンゴマークのように、「抜きん出た品質」や「ユーザーの持つ良いイメージ」を保証するビジュアルやロゴマークなどをイメージする方も多いでしょう。私たちに寄せられるブランディングのご相談でも、ロゴマークの変更が念頭に置

かれているケースは少なくありません。

そのイメージは、ある一面だけを見る分には間違っていません。

だからと言って、「事業・商品・サービス（以降、表記をシンプルにするために、企業が生み出したものという意味で"プロダクト"とのみ記します）の質はまったく関係なく、優れたビジュアルがあればブランドになる」というわけでもありません。

また同時に、フェラーリやアップルのように、「圧倒的な品質や人気を誇る企業にしか、ブランドは確立できない」という話ではないのです。

ブランディングとは「柱の確立」である

私がよくお客さまへの説明として用いるのが、「ブランドは"柱"である」という表現です。

柱は、決して特別なものである必要はありませんが、なくてはならないものです。

理屈の上では、壁を四面立てて、床と天井で上下を塞げば、家のような構造体はできます。しかし、その構造体を「ビジネスを長く続け、発展していく企業」と考えるとどうでしょうか。柱がない壁だけの構造体では、ちょっとした揺れで崩れてしまいそうです。

つまり、企業という構造体は、プロダクトや、その背景にある経営者や企業の強い思いといった柱があってこそ、安定して自立できるのです。

このように表現すると、"ブランド"とは、高級品や超一流企業のロゴマークなどに限ったものではないとご理解いただけるでしょう。たとえば、菓子・食料品を販売する株式会社やおきんにとって、「うまい棒」は1本10円でも「低価格でうまいお菓子を届けたい」という企業の強い思いという柱

（＝ブランド）を背負った立派な大ブランドです。

　ただし、たとえ利益を上げている企業であっても、「これがブランドである」と言い切れる柱が、必ずしもあるとは限りません。また、反対に、柱にしたいもの、柱になるべきものはあるものの、まだまだ道半ばで、世間からは柱と認識されていないプロダクトもあるものです。

　私たちは、そんな企業の中にある、「柱にしたいもの」「柱になるべきもの」を、誰もが納得するブランドとして確立させるための施策を"ブランディング"と呼んでいます。

　その上で、社内的には間違いなく柱と言えるが、社会的には認知度が低いプロダクト等をより知ってもらうための施策も"ブランディング"の一部と言えるでしょう。

　このように、ブランディングとは、決して企業やプロダクトの知名度を、単に上げようとする広告宣伝のことではありません。

　私たちの考えるブランディングの対象は、その企業や組織において一番大切な宝物です。そして、その宝物をクライアントの柱＝ブランドに育て上げるのが目的となります。

　時折、「知名度が上がればブランドになる」と考えている方を見かけますが、それは間違いです。

　ブランディングを行ったことで、結果的にプロダクトの知名度が上がることはありますが、そのための戦略や実行すべき施策は、一般的な広告とはまったく別物なのです。

　ブランディングとは、"知らせる"という狭義のものではなく、企業の柱を"見つけ、育て、強くする"その一連の過程を指すものです。

ブランドとは"柱"である

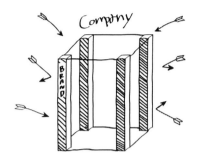

ブランドという柱があれば、
外部環境に負けない構造に

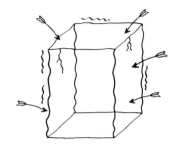

ブランドという柱がないと、
外部環境の影響を受けやすく
不安定

ブランドは大企業だけのものではない

　私がブランディングを手掛ける中でよく感じるのが、「ブランドは大企業のもの」と捉えている方が非常に多いことです。しかし、それは大きな勘違いだと考えています。

　先ほど、うまい棒も立派なブランドだとお伝えしましたが、ブランドの値段や種類がさまざまであるように、ブランドという柱が支える企業の規模もさまざまです。

　たとえば、ジーンズの「リーバイス」で知られるリーバイ・ストラウスは、「桃太郎ジーンズ」で知られる株式会社ジャパンブルーの100倍以上の売上規模を誇りますが、だからといって「桃太郎ジーンズはブランドじゃない」と考える方はほとんどいないでしょう。ジーンズが好きで、リーバイスよりも桃太郎ジーンズを愛好している方も、たくさんおられるに違いありま

せん。

　このことからもわかるように、ブランドやブランディングは、決して大企業だけのものではないのです。

　もちろん、優れたブランドを抱える大企業は数多ありますが、「ブランドを確立したことで大企業になった」という順番であるケースも多いはずです。

　極端な例ですが、アップルのブランドの核となるものは、創業者であるスティーブ・ジョブズとスティーブ・ウォズニアックが出会ったとき、すでに生まれていたと言っても過言ではないでしょう。

大きな会社だけが
主役の時代は終わった

規模の経済の時代から、品質の経済の時代へ

　ここでは、「なぜブランディングが必要なのか」。すなわち、ブランディング・ファーストであるべき理由を、社会的な背景から説明していきます。

時代は大きく変化している

　かつては、それなりの品質のプロダクトさえあれば、広告を打てばそれなりに選ばれ、それなりの売上・利益を上げられる時代でした。この延長線上にある企業は、いまも少なくありません。

　しかし、同じやり方で多くの企業が元気でいられる時代はもう終わりつつあります。特に、リーマンショックや東日本大震災は、その傾向に拍車をかける出来事でした（新型コロナウイルスの影響がとどめを刺すことに

なるかもしれません）。裏を返せば、近年、苦戦している企業の多くは、時代の変化に合わせてビジネスモデルをアップデートできていない、とも言えます。

　もちろん、不景気の影響も小さくはありません。ただ、企業の不振は不景気の原因の1つでもあります。「鶏が先か卵が先か」という話ながら、時代の変化についていける企業がもっと多かったら、もう少し違った未来もあった気がしてしまいます。

　では、時代はどう変化したのか？

　端的に言えば、「規模の経済」から、「品質の経済」への移行です。

　厳密には、規模の経済が完全に終わったわけではありません。しかし、いまやそのメリットを得られるのは、ごく一部の超大企業のみになりつつあります。

「規模の経済」から「品質の経済」へ

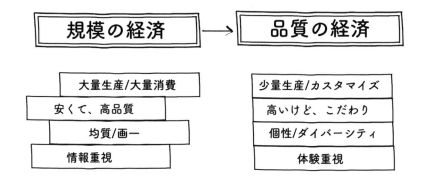

コンビニエンスストアやスーパーマーケットのプライベートブランド（PB）商品が顕著な例ですが、母数の大きさによって、中小企業を大きく上回る原価の圧縮を実現し、開発力でも圧倒的に勝っているため、「安いけどそこそこ」ではなく、「安いけど高品質」なプロダクトが次々に生まれています。

こうした背景から、ユーザーの「平均的なプロダクト」のイメージが大きく上書きされています。そんな時代に、中小企業がコモディティ化（均質化して付加価値が低下）した市場で、大手の開発力と真正面から競い合うのは難しいでしょう。

「安くて高品質」は当たり前。平均値は上がり続ける

これは、コンビニやスーパーに並ぶような商品に限った話ではありません。ありとあらゆる分野で、大企業はどんどん高品質のプロダクトを繰り出していき、不人気のものはすぐに入れ替えられ、新しいプロダクトがリリースされています。

変化のスピードが早く、なおかつ品質も高い。そんな大手のプロダクトが平均レベルを押し上げることで、これまで中小企業が送り出してきた「平均的」とされていたプロダクトの偏差値が50以下に追いやられてしまい、同じ土俵に立つのも大変です。

また、どうにか同じ土俵に立っても、たくさんのライバルの中から選ばれるのも至難の業です。品質も価格も大手に負けているプロダクトでは、売上を伸ばせません。

そこで選ばれるだけの"何か"がなければ、中小企業のプロダクトが淘汰

されてしまうのも、当然のことかもしれません。

　このような時代に、大手と渡り合い、選ばれるには、大手に負けないだけの品質が必要不可欠です。

　ちなみに、私自身のキャリアも、この時代の変化にさらされています。

　私は当初、単なるデザイン会社としていまの会社を起業しましたが、ライバルが多く付加価値の出しにくい仕事に難しさを感じ、戦略立案やデザインの力で企業のブランディングを手掛ける、現在の仕事をするようになっていきました。

　このような事業を行う企業やデザイナーは、当社を設立した17年前から現在に至るまで、そう多くありません。

　また、ブランディングを手掛けるコンサルティング会社はそれなりにありますが、ビジュアルの力をベースに一気通貫でブランディングを手掛ける企業はまだまだ少ないのが現状です。また、だからこそ、私たちは品質の時代において差別化を実現し、売上を伸ばし続けることができているのだと思います。

品質の時代こそ中小企業の出番

　同じような品質の、同じようなプロダクトで競い合う時代の終焉は、「高品質で低価格」を実現しやすい大企業に有利な流れだと感じられるかもしれません。

　しかし、そんなことはありません。むしろいまこそ、中小企業が活躍しやすい時代です。

これは、自分の生活で考えてみるとわかりやすくなるのでないでしょうか。コンビニやスーパーマーケットのPB商品を毎日利用していれば、食費を抑えられ、それなりに美味しいものを食べられますが、必ずどこかで飽きがきます。たまには少し違う個性的なものや、高級なものを食べたくなるものです。どれだけ大手のシェアが巨大でも、必ず他の選択肢が入り込む余地はありますし、他の選択肢を求める層も確実にいます。

食べ物の場合は、まだ「安くて美味しければPB商品だけでいい」と思える方もいると思いますが、ほかの分野なら大手の人気商品のシェアはさらに下がるでしょう。服はよく買うけどユニクロやGUは利用しない方、音楽は好きだけど嵐やAKBは聴かない方、本やマンガは好きだけど村上春樹や『ONE PIECE』は読まない方もたくさんいるはずです。

もちろん、大企業もそのような層への目配せはしています。とはいえ、すべてのユーザーの趣味嗜好をカバーするのは不可能です。そこに中小企業の活路があります。

目を引く品質があればユーザーに選ばれる時代に

規模の経済が幅をきかせていた時代にも、間違いなくニッチなニーズはあったはずです。

ただ、かつてはユーザーに与えられた選択肢そのものが、あまり多くありませんでした。

基本的には、近所の小売店の棚にある中から選ぶ。通信販売もありましたが、その利便性は低く、選択肢も少なかったでしょう。ニッチなプロダクトを求めようにも、そんなプロダクトの存在を知る機会、探す手段自体がほとんどなかったのです。

それに、私たちは「こんな尖ったものがほしい」と考えてプロダクトを探すとは限りません。尖ったプロダクトの存在を知って、初めて「自分はこれが好きだったんだ」と感じ、隠れていた真の欲望を発見する——という順番もあります。

いまや、インターネット通販もありますし、小売店も選択肢過剰の時代にできるだけ対応しようと、多種多様なプロダクトを取り扱っています。また、近年の小売店は、以前と比べても利用者の声を積極的に参考にするため、100%かなうわけではないにせよ、中小企業のプロダクトの入荷をリクエストすることもできます。

つまり選択肢の数は、基本的には「知りうるプロダクト」の数と言えます。インターネットは、私たちが購入したいと思えるニッチなプロダクトを「知る機会」そのものを、爆発的に増やしました。無名メーカーのプロダクトでも、口コミサイトなどで一度注目を浴びれば、大企業の人気プロダクトより評価されることも珍しくありません。

時代が品質の経済へ移行したことで、企業の規模を問わず、品質でユーザーの心を掴めば、中小企業のプロダクトが選ばれる時代になっているのです。

いま、シャンプーなどヘアケア製品を中心に扱い、若い女性に強く支持されている「BOTANIST（ボタニスト）」というブランドがあります。

BOTANISTは「植物と共に生きる」というブランド理念を掲げ、植物由来の原料に徹底的にこだわったプロダクトが特徴です。ご存じでない方は、娘さんなど若い女性に聞いてみると、みんな知っていると思います。

BOTANISTは、もはや自然派のヘアケアブランドとしての地位を確立

していると言っても過言ではありませんが、実はこのブランドはI - neという大阪にある小さな会社が展開しているブランドです。

かつてはヘアケアの分野と言えば、P&G（パンテーンなど）や花王（メリットなど）、資生堂（TSUBAKIなど）ですらなかなか定着がかなわなかった、大企業の"メジャーブランド"がしのぎを削り合い、その他の勢力が参入する余地の非常に少ないカテゴリーの代名詞でした。BOTANISTは、そのヘアケア市場に堂々と地位を築き上げ、いまや通販のみならず、店頭での流通も拡大しています。広告宣伝をほとんど行わず、InstagramなどのSNS、ウェブを中心に商品をPRし、若者層に支持を広げ、メジャーに肩を並べるまでになっているBOTANISTの成功は、"品質の時代"である現代ならではと言えるでしょう。

中小企業が活躍する最大のカギは「ブランディング」

選ばれる企業と、そうでない企業の違い

　中小企業が平均的・最大公約数的なプロダクトで大企業と戦うのは難しくなりました。しかし、同じ土俵に立つことにこだわらず、少し離れた別の場所で戦えば、中小企業のプロダクトも注目を集めやすくなっています。

　もちろん、どんな中小企業でも、大企業と競い合い、存在感を発揮できるというわけではありません。「選ばれるだけの理由」がない中小企業は、自ずと淘汰されていきます（これは大企業にも言えることですが）。

企業の理想像を明確にするのがブランディング

　それでは、淘汰される企業とされない企業、あるいは、現状維持の企業と飛躍する企業の違いとは何なのか——。

答えは、本書のテーマであるブランディングです。

　先述したように、「柱を確立する」のがブランディングです。一本筋の通った柱を持つことが、どこにもないプロダクトを生むことにつながります。明確な柱を持つ企業だからこそ、大企業に負けず、ほかの競合にも埋もれず、ユーザーに選ばれるのです。

　先ほどのBOTANISTはその好例ですが、アメリカの「Cotopaxi^{コトパクシ}」というアウトドアブランドも、またわかりやすい事例の1つです。

　2013年創業のこの新興企業は、店舗数も少なく、ザ・ノース・フェイスやL.L.Beanといったアメリカのメジャーアウトドアブランドと比べると規模では完全に見劣りしています。それでも、若者を中心に熱狂的とも言えるファンを拡大しています。

　その大きな要因は、同社のブランディングにあります。

　「"Gear for Good"＝アウトドア用品をつくり、売ることを通して貧困に苦しむ人々を助ける」というのが同社のブランドプロミスです。

　たとえば、Cotopaxiの人気商品であるカラフルなバックパックは、フィリピンの協力工場で一つひとつ手づくりされており、カラーパターンなどデザインの一部もフィリピン人の職人の裁量に任されています。製造を通じて、フィリピンを経済的に支援するだけでなく、一部の裁量を任せることで、工場で働く現地の人たちのプライドの醸成にも貢献しています。

　ほかにも、年収が100ドル以下と言われるボリビアの放牧民が育てるリャマ毛を使ったジャケットを展開するなど、Cotopaxiは「貧しいコミュニティを支援する」という思いからブランドを確立し、メジャーに負けない存在感を発揮しています。

　Cotopaxiの新しさ・強さは、製品の性能差がほとんど感じられなくなっ

たバックパックやジャケットといった製品に「ストーリー」という新しい価値を付加したことです。

すなわち、バックパックやジャケットの性能・デザインだけでなく、その背景にある「ストーリー」に共感を集め、買ってもらう。同時に、若者たちは「このバックパックって、実はフィリピンでね……」など、そのストーリーを人に話したくなる──そんな新たなブランディングが共感と熱狂を生み出しているのです。

具体的なブランディングの要点や進め方は後述しますが、先に少し「感覚的」なお話をさせてください。

ブランディングの本質は、「企業の理想像」を明確にすることです。

どうなりたいのか。どう見られたいのか。自社の使命とは。社会に何をもたらせるのか──。

これらが明確になると、進むべき方向も明確になるので、社員の意思統一がなされ、無駄が省かれ、意思決定のスピードが上がります。

また、繰り返しお話ししているように、ブランディングは大企業だけのものではありません。どんな規模の企業であっても、ブランドは確立できます。

なぜなら、そのために必要なのは、現預金の額や従業員の数といった数値化できる類のものではなく、経営者や企業の持つ「強い思い」であるからです。

「ブランドができていない」＝「明確な柱がない」というのは、あくまでも

「ブランドとして内外に認められる段階には達していない」という意味です。

　事業を立ち上げ、売上を出して、経営を続けることができている企業は、少なくとも、ある程度の魅力があるプロダクトや、それだけの事業を始め、継続するだけの経営者の思いがあるはずです。これらは「ブランドの芽」と言えるものです。

　ブランディングは、その芽を社内外の誰もが「企業の柱である」と認識するところまで育てるための施策です。

　ですから、しつこいようですが、単に広告宣伝を行い、知名度を上げることはブランディングではありません。そして、そうしたことにお金をかけるより前に、まずブランディングを行うこと＝「ブランディングファースト」こそが重要なのです。

中小企業の3つの課題を
ブランディングが解決する

ブランドこそが「差別化」を実現する

　いま起きている社会の変化は、パラダイムシフト(革命的変化)と言うべき大きなものです。

　この流れに中小企業が対応するために大切な要素が、「差別化」と「スピード」と「インナー」の3つだと私は考えます。そして、この3つすべてに効果のある経営戦略がブランディングなのです。以下、1つずつ説明していきます。

プロダクトの「価値」を生むブランド

　3つの要素の1つ目は「差別化」です。

　「ブランディングによって差別化を実現できる」と言われても、当たり

前だと思う方も多いかもしれません。しかし、ブランディングや、ブランディングによって確立を目指すブランドそのものの定義があやふやな方は少なくありません。

　ここで改めて、ブランドの価値について考えてみたいと思います。まず、次の写真をご覧ください。

A

B

　AとB、2つのペットボトルに、それぞれお茶が入っています。

　Aはラベルがありません。ボトルやその中身を見て「お茶だろう」と推測はできますが、それ以上の情報はありません。未開封であっても、中身の品質に対する保証がない格好となります。

　おそらく「タダでも飲みたくない」と思う方もいるでしょうし、喉がどれだけ乾いていても、「普通の商品と同じくらいの金額（以下、500mlのペットボトルのお茶の価格を150円とします）は支払いたくない……」と思う方すらいるかもしれません。

一方、Bは商品としてのラベリングがなされています。ここでは仮のデザインを当てていますが、みなさんもよくご存じの「お～いお茶」や「からだ巡茶」「サントリー烏龍茶」といったラベルで、未開封とわかるペットボトルだったらどうでしょうか？

　おそらくは、安心して150円を支払える方がほとんどでしょう。

　これが、牛への焼印から始まった、マークとしてのブランドの価値です。ブランドがあるからこそ、ユーザーはBに150円分の価値を見出すのです。

「追いつく」POPと「追い越す」POD

　ブランドによって実現できる差別化には、2つの方向性があります。

　1つはPOP（Points of Parity）、もう1つはPOD（Points of Difference）です。

　前者のPOPは競合他社との差を埋めて「追いつく」差別化、後者のPODは競合他社にないものを伸ばし「追い越す」差別化と言えます。

　品質の時代になってコモディティ化が進み、偏差値50の達成も難しい中小企業も少なくありません。お茶で言えば、ディスカウントストアでしか見かけないブランドがあります。そのようなお茶が、コンビニエンスストアに並ぶ、差別化に成功している人気プロダクトに「追いつこうとする」底上げの戦略がPOPです。

　そして、同じような評価を受ける競合のプロダクトに差をつけるために、新たな要素を付加して高い評価を得ることで「追い越すことを目指す」抜きん出る戦略がPODです。

　お茶で言うなら、特定保健用食品（トクホ）認定商品や、観光地などで販売される水や茶葉にこだわった特別な商品などが当てはまります。

もちろん、どちらの努力にも意味があります。ただ、今日の中小企業においてより重要性が高いのはPOD（特徴を伸ばして「追い越す」差別化）と言えます。なぜなら、POP（差を埋めて「追いつく」差別化）はやや後ろを向いた差別化であるからです。

　先行者たちに追いつくことは、同レベルの競合との差別化を意味します。しかし、追いついた先には、これまでにリードされていた別の競合が待っています。確実に進歩してはいるものの、それは「強力なライバルと同じ土俵にやっと上がっただけ」とも言えます。

　新設校の高校野球部が、人数を揃え、甲子園の地方大会で初勝利を挙げたなら、それは素晴らしい快挙です。とはいえ、甲子園に出場するには、強豪校を相手に、さらに幾度もの勝利を重ねる必要があります。おまけに甲子園に出たとしても、全国の強豪校との戦いが控えています。つまり、POPの差別化を実現したとしても、その先には、別の新たな差別化との戦いが待ち構えているわけです。

追い越す戦略こそ中小企業のブランディング

　一方、PODなら総合的な勝利を目指す必要はありません。その代わり、自分たちの強み＝柱としたいものに注力し、一点突破を狙います。「とにかく足が速く、走塁技術も高い」といった形で、甲子園の常連校に混じっても埋もれない特徴はないか——と考える戦略です。

　スポーツなら、勝利が至上と言えるかもしれませんが、たとえば音楽なら、歌や演奏のうまさだけで人気や評価が決まるとは限りません。それに、スポーツにしても、成績は平均以下なのにファンの人気は平均以上、というチームだってあるものです。

低価格で高品質なプロダクトを全国各地に展開する大企業の戦略は、堅実で的確なものだと思います。

　しかし、中小企業が同じ土俵を目指すのは至難の業です。その戦略は、大企業の資本力や開発力、知名度があるからできることです。

　ゆえに、中小企業は「POP」ではなく、「POD」の差別化を目指すべきだと私は考えています。言い換えるなら、PODの差別化を実現できる"何か"を探して、具現化するのが中小企業のブランディングなのです。

POPとPODの違い

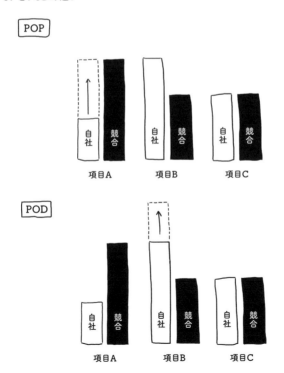

「スピード」で大企業を上回る

　続いては、3つの要素の2つ目「スピード」についてです。

　先ほど述べたように、ブランディングには、企業の意思決定のスピードを上げる効果があります。

　これは、非常に重要なポイントです。実は、品質の時代になったことで、いま企業には「スピード」が求められるようになっています。

マーケティングよりトライアル

　いまの時代、ある程度、品質が良いのは最低限の条件になっているため、品質の時代とはいえ、「高品質のプロダクトをリリースすれば必ず売れる」というわけではありません。誰も知らなければ売れないので、最低限の宣伝広告は必要不可欠ですし、人々の嗜好が多様化し、社会の状況も刻一刻と変わる昨今、ヒットは運次第という側面もどうしてもあります。

　言い換えるなら、「"ユーザーに気づいてもらう"幸運に浴するための最低条件」が品質になったのがいまの時代なのです。

　そこでスピードが大切になる理由は、時代の変化に伴って、「マーケティング」より「トライアル」がモノを言うようになっているからです。

　飲料業界でよく使われる「センミツ(生き残る新商品は1000分の3程度)」という言葉があるように、プロダクトの評価は人々の趣味嗜好・時代の流れ・運などに大きく左右されます。

　定着しなかった997の飲料の中で、品質が悪い＝単純に美味しくないものはほとんどないでしょう。お菓子や飲料のディスカウントストアで見か

ける数十円のお茶を飲んでも、たいていは普通に美味しく飲めます。

　ところがそんなお茶も、売れないままに見かけなくなってしまう。その結果をマーケティングだけで読み切るのは困難です。

　また、時代の変化が早くなったために、マーケティングに時間をかけると、その間に前提条件が変わってしまう可能性すらあります。

「お金」以上に重要な「時間」

　もちろん、ヒット商品や新たな価値を生み出すには、考える時間も必要です。ただし、かつてと同じようにマーケティングを丁寧に行い、じっくりと考えてからリリースをする——という動き方では、競合から出遅れる可能性があります。

　また、「それでも絶対にヒットするはず！」と思えるような品質に自信を持てるプロダクトがあっても、競合が先に似たプロダクトを発表する可能性や、大手が真似をして、資本力で潜在顧客を奪いにかかるなど、理不尽な目に遭う可能性も残念ながら考えられます。

　そうなる前に、（最低限の完成度まで持っていく必要はありますが）まずリリースして競合の機先を制するのです。大切なアイデアほど、じっくり育てて不安点を一つひとつ潰したくなるものですが、どれだけ自信があっても、「自分たちが思いつくアイデアは、他社も思いつく可能性がある」と考えて急ぐべきです。

　表現を変えるなら、「とにかく実際にリリースしてみるのがマーケティング」とも言えるのではないでしょうか。リリース後の結果や評価こそが最上の情報であり、結果が芳しくなかった場合は、その情報を元にプロダクトをアップデートすれば、品質をさらに高められます。

裏を返せば、品質の時代において、「品質のみ」を頼りに、社運を賭ける
ほどのプロジェクトに取り組むのはリスクが大きいと言えます。

　ある程度、自信のあるプロダクトができたとき、マーケティングに時間
をかけたり、広告戦略の立案に時間をかけたりするよりも、（マーケティ
ングや広告も大切ですが、ある程度までいったら）リリースして、その結
果を見てPDCAサイクルをどんどん回すべきです。

　近年、"タイム・イズ・マネー"ではなく、"タイム・イズ・ライフ"という
表現をする人が増えているように、「時間はお金以上に重要」という認識が
広がりつつあります。

　そこで余計なことを考えたり、立ち止まったりする時間はありません。

　これまでのサイクルより早く、プロダクトを企画・開発してリリースす
るといっても、「大切なプロダクトに割く時間を減らせ」と言いたいわけで
はありません。素早くリリースする代わりに、その後の改善により力を入
れるのです。

「明確な柱」が意思決定を早くする

　意思決定のスピードを上げることに関しても、企業の明確な基準となる
柱が必要不可欠です。

　やるべきことが絞り込まれていれば、PDCAサイクルを回してプロダク
トをアップデートするにせよ、別のプロダクトを新たに企画立案するにせ
よ、意識するべきポイントがはっきりするため、無駄な選択肢が減り、余
計な時間を減らせます。

　たとえば、自信のあった高級プロダクトが思うように評価されずに終
わってしまった場合、次の一手を考えるときに「低価格路線で新商品を考

えようか」と悩んでしまうこともあるかもしれません。しかし、自社に高級プロダクトの開発に至った明確な理由があったならば、そのような選択肢を検討するべきではありません。

　仮に、アップルの新しいiPhoneがユーザーの評価を得られなかったとして、次に安くてそれなりの品質のスマートフォンを発売したらどうなるでしょうか？

　おそらく、これまでのファンを大いに失望させ、前モデル以上の失敗に終わるのではないでしょうか。そうではなく、失敗の理由を分析し、次こそは「これぞアップル！」と評される最高のスマートフォンを開発する。これこそが、真にやるべきことであり、ブランディングなのです。

スピードは中小企業の武器になる

　マーケティングよりもトライアルが重要な理由として、社会の変化の早さも挙げられます。先ほども少し触れたように、社会における "正解" は、どんどん上書きされていきます。

　あるひとつの正解にフォーカスして、丁寧にマーケティングを重ね、満を持してプロダクトをリリースしようとした瞬間、大事件や天変地異、政治家やインフルエンサーの言動などによって、その正解が不正解に書き換えられてしまうかもしれません。

　マーケティングもとても大切で、正解をまったく想定せずに動くのは危険ですが、「ここまでマーケティングできれば正解」と言えるラインはもはやありません。ある程度で切り上げ、次のステップに進むスピーディーな経営判断が求められる時代になっています。

いま本当に必要なのは、「過去」ではなく「現在」の情報です。そして、現在の情報を最も深く知るには、実際に試してトライアンドエラーをするのが一番なのです。

何より、このスピードについて重要なポイントは、中小企業には比較的容易に変えられる課題であることです。

残念ながら、日本の多くの大企業の「意思決定の遅さ」は、国内外で指摘されています。これは、組織に深く根ざした企業文化でもあるため、内部で問題視する人が増えても、容易に変わるものではないでしょう。

ベンチャー企業がまたたく間に成長し、大企業に肩を並べる例があるのも、このような大企業の動きの遅さの間隙を突いたものと言えます。

すでに述べたように、大企業のスピードも早い点はもちろんありますが、それはフォーマットが固まっている部分についての話です。高品質なプロダクトの開発・リリースの早さはすさまじい点があるものの、前例のないチャレンジや重大な経営判断においては、その限りではありません。

少し語弊があるかもしれませんが、本来、大企業がスピーディーに動けていれば、ここまで成長しなかったに違いない新興企業も多々あると考えられます。

ちなみに、大企業が間違っていると言いたいわけではありません。何人もの意思決定者が確認し、押印やサインをしないと先に進めないことで担保できるクオリティもあります。

ただ、それは守りの戦略——平均的・最大公約数的な高品質のプロダクトが中心となる企業ならではの考え方です。

ひとつの尖った要素をつくり、そこに注力する戦略なら、注意して見る

べき点も大幅に減らせます。多くの大企業とは比較にならない、それこそ海外企業のような、スピーディーな意思決定の実現も決して不可能ではありません。そして、ブランディングという柱はスピードを実現する大切な力なのです。

　これから働き方改革によって、増えすぎたタスクを残業で無理やりカバーするような経営も通用しなくなっていくでしょう。余計なタスクに手を出さずに、「自社が本当にやるべきこと」に注力できる体制を確立できるか否かは、企業にとって非常に大きな問題となります。

　おそらく、「ブランディングをやりたい」と思ったことのない経営者は多くいらっしゃるに違いありません。しかし、「社内のさまざまな局面におけるスピードを上げたい」と思ったことのない経営者はほとんどいないはずです。

「インナー」のエンゲージメントを高める

　3つ目は「インナー」です。ここで言う「インナー」とは、社内や、そこで働く従業員の方々を指します。

　近年、社内に向けて行われるインナーコミュニケーションが注目を集めています。人口減少社会となり、少子高齢化が加速していく日本において、人材の育成・確保は急務です。

誇りを持てる

BRANDING

目標が立てやすい

イキイキと働ける

社内議論が活性化する

ブランディングが社員に浸透すれば、社内の活性につながる

ブランディングを意識したことはないが、インナーコミュニケーション
は経営課題と認識している経営者もおられるに違いありません。

ブランディングはインナーとアウターの両輪で

みなさんの会社が柱とするべきもの（ブランドの芽）を見出したとして
も、すぐにそれがブランドとして確立され、大企業との差別化を実現でき
る、というわけではありません（当たり前の話かもしれませんが）。社内の
全員が、自社の強みを自覚し、柱として育てていくベクトルを一致させて、

一丸となり仕事に臨むのが大前提です。

そして、そのためには従業員のエンゲージメント（愛着心）を高める必要があります。

身内に愛されないプロダクトが、大企業のプロダクト以上にユーザーに愛され、評価されることなど考えられません。

自社や、自社の柱となる要素に従業員が愛着を感じるようになってこそ、大企業にも負けない魅力的なプロダクトが生まれます。

それができなければ、ブランディングも単なる絵に描いた餅になってしまいます。

近年は、このようなインナーコミュニケーションの重要性が叫ばれ、"インナーブランディング"も注目を集めています。

ユーザーや取引先に向けたブランディングを「アウターブランディング」と呼び、従業員に向けて行うブランディングを「インナーブランディング」と呼ぶわけです。

しかし私は、僭越ながらブランディングをインナーとアウターに「切り分けること」自体がナンセンスだと考えます。

ブランディングは単なる広告戦略ではない、と繰り返しお伝えしていますが、そもそもブランディングは、インナーとアウターに同時に働きかけるものなのです。ブランディングを車と考えると、インナーとアウターはその両輪。少なくとも、私たちの手掛けるブランディングは、2つに分けて一方のみに着手できるものではありません。

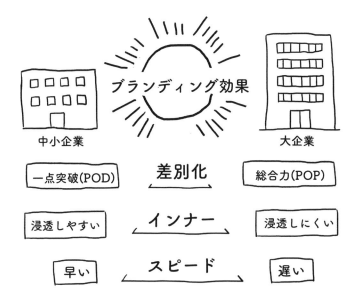

差別化にも、スピードにも、インナーにも効く

　前置きが長くなりましたが、中小企業にもブランディングが必要な理由は、自社の差別化にも、意思決定のスピードにも、インナーモチベーションにも効く"経営戦略"であるからです。

　ブランディングをマーケティングの一種とお考えの方は、「ブランディングが経営戦略」と言われても納得できないかもしれません。しかし、この3つの課題に効果を発揮するなら、そう形容するに足るものと思っていただけるでしょう。

もう一度言いますが、「ブランディングをやりたい」と思ったことのない経営者は数多いに違いありません。しかし、「他社と差別化し、社内のさまざまな局面におけるスピードを上げ、組織の力を強くしたい」と思ったことのない経営者はほとんどいないはずです。

　差別化できなければ、ユーザーに選ばれなくなる——。
　意思決定のスピードが遅いと、自社のプロダクトが時代遅れのものになってしまう——。
　インナーが弱いと、人材が定着せず組織力が低下していく——。

　いったんブランドという言葉から離れて考えてみると、この3つの課題に対応できない企業は、いずれ淘汰されていく運命にあると思いませんか？
　これらの要素を意識せず、それでいて健全な経営ができている企業もあると思いますが、それはこれまでの貯金によるものだと私は考えます。その貯金だけでは立ち行かなくなるときが、いつか必ず訪れます。

　49ページのお茶のペットボトルBを思い出してください。これを例に、ブランドの価値を生み出す根源がインナーにあることを、改めてご説明しましょう。

　ペットボトルにラベルがあれば、150円を払えるというものではありません。その価値を保証するマークもあれば、そうでないマークもあります。

　ディスカウントストアでしか見かけないお茶は、「150円出すのは高い」と思われるブランドと言い換えられます。私の地元である大阪では、50〜100円くらいの飲料自販機もよく見かけますが（賞味期限が間近の商品に限り10円で売る自販機すらあります）、これもコンビニエンスストアでは見かけない —— 定価では人気のお茶に負けて選ばれることのないブランドばかりです。

　では、コンビニエンスストアで定価販売されても、「この価格ではちょっと……」と敬遠されないお茶は、上記のお茶と何が違うのか？

　この答えを一言で表すのは難しいのですが、確実に言えるのは「見た目だけの話ではない」ということです。もちろんラベルの見た目は異なりますが、それ以外のさまざまな要素 —— 味も、栄養価も、ほぼすべてに違いがあります（もちろん、市場で差別化を実現できるほどの強い特徴でないことが多々あります）。

ここで大切なのは、「マーク自体が付加価値を生むわけではない」という点です。

　ユーザーが価値を感じるのは、ブランドのマークを見ることで、頭の中で再生される"さまざまな要素の集積"たるイメージが商品と一致するから。そして、そのイメージをつくってきたのは、企業であり、そこで働く人々です。

　つまりマークとは、企業や従業員の営為の具現化なのです。

　そのビジュアルは、イメージを想起するきっかけとして重要なものです。コカ・コーラのパッケージを見るだけで、爽快感を覚える方もいるでしょう。

　ただし、そうしてビジュアルから想起されるイメージと、プロダクトの中身に乖離があれば、ブランドイメージは地に落ちてしまいます。ユーザーが価値を感じるだけのイメージを築き上げ、そのイメージと実物にズレが生じないように守り続けてきた人たちの存在があって、初めて私たちは、ひとつのブランドに価値を見出し続けることができるのです。

　従業員が価値を生み出してくれるから、その先に柱たるブランドができる。つまり、プロダクトのつくり手のマネジメントなしに、ブランディングの実現は不可能です。また、だからこそ、ブランディングは、インナーにも働きかけるものでなければいけません。

　「はじめに」で触れたように、20年以上前のCIブームによって、多く

のビジネスパーソンに、悪しきアウターブランディングのイメージ
が刷り込まれてしまいました。そのカウンターとしてインナーブラン
ディングが注目を集めるのは理解できます。

　とはいえ、人間の内面が見た目にも現れるように、アウターを軽視
していいわけではありませんし、同時に優れたインナーなくして、優
れたアウターもありません。

　真のブランディングとは、どちらも大切にして、ないがしろにする
ことなく、ブランドをつくり上げていく経営戦略です。

　ブランディングがインナーに及ぼす作用については、Chapter 4で
詳しくお伝えします。

経営者がブランドの行き先を示す

経営者の思いやビジョンが
ブランドを生む

　ブランディングは経営戦略です。この定義をご理解いただければ、経営者が全面的にコミットする必要があるとおわかりいただけると思います。

　先述したように、ブランドを生むのは企業で働く方々ですが、その道筋を整えるのは経営者の仕事です。ウォルト・ディズニーが簡単に妥協する人物であったなら、ディズニー社の今日のブランドイメージが存在しないだろうことは想像に難くありません。

　どこを目指すのか、そして、どのように目指すのか。

　経営者自らが、その「指針」と「姿勢」を示す。

　これが、ブランディングの第一歩です。

企業を船に喩えると、経営者はその船長と言えます。ただし、企業という船は、経営者だけでは動かせません。

　経営者の示した指針や姿勢に則って行動する従業員がいて、初めて正しい方向に進むことができます。

　指針と姿勢がはっきりしない企業経営は、海図や羅針盤を持たずに海に出る航海のようなものです。船員＝従業員がいかに有能でも、信頼に足るブランドを生むことはできません。また、逆に言えば、経営者のビジョンがどれだけ素晴らしいものでも、従業員がそのビジョンに共感し、共に進んでくれなければ意味がありません。

　経営層と現場が同じ方向を向いて進めなければ、ブランディングを成功させることはできないのです。

ブランディングの投資は資産になる

　私たちは、ブライダル業界のクライアントをお手伝いさせていただく機会が多くあります。

　ブライダル業界は、雑誌やウェブポータルサイトに掲載してもらい、近隣で結婚式を考えている方々の「目に留まること」が広告戦略の出発点になっている施設が多いため、損益計算書（P/L）における広告宣伝費の割合が非常に高い業界です。

　しかし、広告をすべて否定するつもりはありませんが、品質の時代に、単純に媒体に載るだけでは、「予算と立地が折り合う」以外の理由でユーザーに選んではもらえません。

　近年は、結婚式場よりも大幅に安価なパーティーを開催できるレストランも増えています。つまりブライダル業界は、「品質」で勝負する時代の波

が、ものすごいスピードで、大きく押し寄せているのです。

そんな業界において、私たちのクライアントは最大で322%、平均で123%売上を伸ばしています。もちろん売上のみならず、ユーザーから自発的に選んでいただけるようになるため、広告宣伝費も圧縮され、利益率もアップします。反対に、お話をさせていただいたものの、ブランディングの重要性をご理解いただけず、一緒にお仕事をできなかった企業の中には、残念ながら施設を閉店してしまったところもあります。

私はよく、ブランディングの大きな利点は、「投資したお金が単なる経費に終わらず、資産になること」だとクライアントに説明します。

広告宣伝費はP/Lに記載され、毎年リセットされますが、ブランディングに投じた費用の結果は、実際に貸借対照表（B/S）の勘定科目には入るものではないものの、自社やプロダクトに対する好印象、自社を優先的に選んでくれるファン——といった形で、毎年積み上げられていきます。また広告を打つにしても、ファンが多ければ多いほど効果も高くなります。

ちなみに、日本の企業会計ではB/Sに入る勘定科目とすることはできませんが、ブランド戦略のコンサルティング会社として有名なインターブランドでは、グローバル企業のブランドを金銭的価値で測定する手法を導入しています。同社が発表したブランド価値評価ランキング「Best Global Brands 2019」のベスト10を表にしたのが次ページの表です。

1位のアップルのブランド資産価値はなんと約2300億ドル、日本円では約25兆円です。2位のグーグル、3位のアマゾン、4位のマイクロソフトと、トップ4がテック企業となっており、日本企業ではトヨタ（約560億ドル）が7位で唯一のベスト10入りです。

「Best Global Brands 2019」のベスト10

ランク		ブランド	業種	ブランド価値	昨年比
2019	2018				
1	1	Apple	Technology	234,241	9%
2	2	Google	Technology	167,713	8%
3	3	Amazon	Technology	125,263	24%
4	4	Microsoft	Technology	108,847	17%
5	5	Coca-Cola	Beverages	63,365	-4%
6	6	Samsung	Technology	61,098	2%
7	7	Toyota	Automotive	56,246	5%
8	8	Mercedes-Benz	Automotive	50,832	5%
9	10	McDonald's	Restaurants	45,362	4%
10	14	Disney	Media	44,352	11%

　もちろん、中小企業がブランディングを始めて、すぐにこんな評価を受けるのは不可能です。しかし、私たちが自分の好きなブランドに、何かしらの明確な価値を見出しているのは紛れもない事実です。

　それは決して、宣伝広告費のようにP/Lに記載され、期末ごとにリセットされるものではありません。ブランドを育ててファンがつけば、B/Sには記載されなくても、確実にブランドの資産価値は認められています。

　みなさんもぜひ、そんな経営戦略としてのブランディングの実施を検討していただければと思います。

　次のチャプターでは、私たちの手掛けるブランディングの本質や、具体的なステップについてお伝えしていきます。

お茶のラベルデザインの意図　　　　COLUMN

　49ページのペットボトルの画像Bは、私たちが一から考え、デザインしたものです。とはいえ、単に「見栄えのいいパッケージ」を考えるだけでは意味がありません。

　詳しい説明はこの後の本編に譲りますが、プロダクトのビジュアルの役割は、魅力的な機能やメッセージを持ったブランドの真価をユーザーに伝えることです。裏を返せば、それが「どんなお茶なのか？」という情報がなければ、本質的なパッケージデザインはできないのです。そこで私たちは、実際のクライアントワークを想定し、一からお茶のコンセプトや名称などを考えた上でパッケージを作成しました。

　ここではそのワークフローをご紹介します。みなさんが自社のブランディングを行う際のヒントにもなるかと思います。

●商品開発背景

　クライアントは、とある飲料メーカー・A社。

　A社は食の安全・安心が注目されていることから、日本人にとって一番身近な飲み物「お茶」を、より美味しく、体にやさしいものにしたいと考え、オーガニック栽培の茶葉を100%使用したお茶の新商品を開発しました。

●ターゲットの整理

農林水産省によるアンケート調査では、2019年の国内の有機食品市場は1850億円（推計）と試算され、市場規模は2009年度と比べて142％の拡大を示し、今後、需要がさらに拡大する見通しです。

また有機食品市場は成熟化が進み、「安全・安心」という付加価値だけではなく、「食から美しく」なることを求めるユーザーが現れる段階になっています。つまり、健康志向が強く、体に良いものを手軽に取り入れたいという層のみならず、「美」に対して高い意識を持ち、品質の高い飲料を飲むことで、体の中から美しい自分をつくり上げたいと願う層まで、有機食品に注目するユーザーを幅広く取り込むことが求められます。

●ネーミング

ターゲットの整理・競合分析・市場調査などを経て、「うららか」と命名しました。

「うららか」という言葉には、「わだかまっていたものがスッキリとなくなる様子」という意味があります。体の中のわだかまりをなくし、内側からスッキリと、さらには美しくなるイメージをネーミングに込めました。

また、「うららか」という言葉から連想される豊かな自然（＝オーガニック）、4〜5月頃に収穫される一番茶のシーズンの気候、お茶そのものが持つ「さっぱり」「さわやか」「清涼感」といったイメージが連想されることも意識しています。

●デザイン意図

　オーガニック栽培の茶葉100％のお茶「うららか」にふさわしいボトルデザインとはどのようなものでしょうか？

　健康志向が強い層のみに訴求するのであれば、特定保健用食品（トクホ）のお茶のような、直接、健康を訴えるようなボトルデザインがよいかもしれません。しかし、「うららか」は「既存の大手飲料メーカーのお茶」と「トクホのお茶」との間に新たな市場価値を見出し、トクホのお茶を求めるユーザーだけでなく、新たな付加価値として「食から美しく」を訴求していく必要があります。

　では、「食から美しく」に対して、最も敏感かつ伝達力のある層とは、どんな人たちなのか？

　私たちは心の豊かさ、質の良い食事や健康的な生活習慣、そして生き生きとしたライフスタイルから想起される美しさを求める、大人の女性をメインの想定顧客とし、SNSなどを通して拡散を狙う「既存のお茶とは違うボトルデザイン」が必要になると考えました。

　有機栽培の茶葉から抽出した、無駄なものが入っていないお茶そのものを表現するために、パッケージ自体には色をつけていません。その上で、茶葉をモチーフにしたイラストが、お茶の色を通して反対側のイラストと重なり合うことで立体感が生まれるようにし、お茶自体の色とのコントラストも楽しめるデザインにしています。

　ちなみに、実際のクライアントワークでは、ボトルデザイン以外にも、コピーライティングや戦略的なプロモーションの立案、CMや

ウェブサイト、グラフィックツールの制作を行い、より多角的な販売戦略を実施することになります。

　「オーガニック栽培の茶葉100%のお茶」という漠然とした商品をどう売っていくのか？
　ただただ品質や価格で勝負しても、広告をたくさん打ったとしても、おそらく成果は生まれません。「どうブランディングするべきか？」を徹底的に考えることで、デザイン面も含め、自ずと進むべき戦略は見えてくるはずです。

Chapter 2

私たちの考える「真のブランディング」とは

結局、「ブランディング」とは何か？

価値を磨き、高めていく

　ここまでは、みなさんのブランディングに対するイメージを上書きする目的で、概念的な話を中心にしてきましたが、このChapter 2では、ブランディングについて、より具体的な内容でお伝えしていきます。

　すでに、「ブランディングとは、企業の大切な宝物を、誰もが納得する柱として確立させるための施策」だと説明していますが、ここで改めて、より具体的な形で再定義しておきます。

　まず、次ページの写真をご覧ください。

　小売店の棚に、数え切れないほどの商品が並んでいます。この膨大な商品の中から、ユーザーに選ばれるために必要なのが"ブランド力"です。

　先述したように、ブランドとは、マークでも名前でもなく、ましてや広告や宣伝による装飾でもありません。ユーザーのさまざまな体験から形成されたイメージのかたまり。簡単に言えば、そのプロダクトが持つ、「目に見えない空気」や「雰囲気」のようなものです。

　私たちは、プロダクトを選ぶとき、意識的にせよ無意識的にせよ、ブランドに左右され、影響を受けています。しかし、ブランドという武器を装備できるのは、残念ながら主人公たる自社だけではありません。すべての競合がブランドを確立したいと願っています。
　そんな状況下で、膨大なライバルの中から選ばれるには、自社のプロダ

クトの価値を磨き、高めていくことが必要です。

ブランディングの目的は、ここにあると言っても過言ではありません。

「売れ続ける力」を目指す

つまり、ブランディングとは、「自社やプロダクトの価値を磨き、高める経営戦略」と定義できます。そして、先述したように、価値の高め方にも種類があります。

目指すべきは、POP（競合他社との差を埋めて「追いつく」差別化）ではなく、POD（競合他社にないものを伸ばし「追い越す」差別化）です。

プロモーションは短期的な「売る力」であり、ブランディングは中・長期的に「売れ続ける力」という表現があるのですが、目標は、単発の成功ではなく、売れ続けるための本質的な力を身につけることです。広告を打つのを止めて、露出が減ったら売れなくなるようなら、ブランドを確立できたとは言えません。一方、広告を打たなくても継続的に買ってくれるユーザーがいるようなら、ブランディングに成功している——という見方も可能です。

ですから、まずもって目指すべきは、自社の柱（ブランディング）となる部分に注力して、市場の中で埋もれないプロダクトをつくり、育てていくことです。

ただし、本物のプロダクトを生み、育てていくことが大前提ながら、プロモーション的な広告宣伝を軽視していいわけではありません。

なぜなら、価値を磨き、高める目的は、「適切なターゲット（対象顧客）にプロダクトの価値を認めてもらうこと」だからです。どれだけ魅力的なプ

ロダクトであったとしても、誰にも気づかれなければ意味がありません。

　言い換えるなら、プロモーションとは、「適切なターゲットに、プロダクトを届け、知ってもらうための施策」なのです。

　そして、当たり前の話ですが、ターゲットが価値を感じないプロダクトでは、知ってもらったところで選ばれませんので、まずはブランドの柱を育て、プロダクトの価値を高めていくブランディングに着手するべきなのです。

02

「本質」にフォーカスし、内面から外見を決める

ユーザーは一瞬で価値を判断する

　ブランディングを進めていく上で大きな問題となるのは、「すべての企業が自社のプロダクトを知ってもらうための努力を、ある程度はしている」という点です。

　広告を打てるのが自社だけの世界なら、じっくりと言葉を尽くして説明すれば、自分たちの柱たる部分について知らせ、理解してもらうのもさほど難しくありません。

　しかし、現在は、情報が世の中に溢れ、ありとあらゆるものがユーザーの時間を奪い合う時代です。その観点においては、たとえゲーム会社ではない企業でも、スマートフォンのゲームアプリだって立派なライバルとなりうるのです。じっくりと自社ブランドについて話を聞いてもらうのは至

難の業と言えます。

　世界の音楽のトレンドも、イントロが減ってすぐ歌から始まる曲が増えたり、1曲が5分あると「長い」と言われるようになったりしているそうですが、ユーザーは、企業がプロダクトに込めた思いなど知ったことではなく、一瞬で良し悪しを判断してしまうのです。

　そこで特に重要になるのが、「デザイン」なのです。

　コカ・コーラのペットボトルを見て、ユーザーが「コカ・コーラだ」と理解し、その味や炭酸の爽快感を思い浮かべるのは、ペットボトルのデザインが、コカ・コーラという商品やブランドを体現したデザインになっているからです。

　適当に英語で商品名を書けばいいというものではなく、色づかいや、モチーフの配置にもすべて意味があります。

　逆に言えば、一度使ってもらえれば大企業のプロダクトに負けずに選ばれるだけの魅力を備えた〈プロダクトA〉ができたとしても、その魅力を体現したデザインでなければ、ひと目でマイナスのジャッジを下されてしまうのです。

　近年、ユーザー自身も気づいていない、行動の影に隠された本音や動機を意味する「消費者インサイト」が注目を集めています。ユーザー自身が意識して行う行動はわずか5％で、残り95％は無意識に行っているという調査結果があるほどです。『人は見た目が9割』（竹内一郎著／新潮社）というベストセラーもありますが、その無意識のジャッジに、目から脳に飛び込んでくる情報が大きく影響するのは間違いありません。

そこで一度でも、（無意識的なものであれ）良くないジャッジを下されてしまうと、マイナスイメージを覆す機会はまず訪れません。そのユーザーにとって〈プロダクトA〉は、「人気の競合プロダクトと同じ価格では買いたくない」ものであり続ける可能性が高いでしょう。

　つまり、たとえプロダクトの価値を磨き、高めることに成功しても、その価値がユーザーに伝わらなければ、真価を理解されないまま終わってしまいかねないのです。

　これが、ブランディングとデザインが、切っても切り離せない存在である理由です。

デザインがブランドの真価を伝える

　ここで忘れてはいけないのは、「ブランドはインナーから生まれる」という考え方です。

　デザインはブランドの真価を伝える重要な要素です。これは間違いのない事実ですが、だったら見栄えの良いデザインがあればいい——という話ではありません。本当に素晴らしいデザインでも、中身がスカスカなら、誇大広告として悪評が広まるだけです。

　さらに言うなら、魅力的なプロダクトを生み出せるだけの、企業や経営者の思い、社会に伝えたいメッセージが、ブランドの根幹にあることが非常に重要です。

　これは、経営者が定めた指針と姿勢があり、従業員がそれに共鳴してくれるから魅力的なプロダクトができる、という「モノづくりの理屈」だけでなく、「マーケティング」の観点からも言えることです。

　特にこれからは、デザインが間接的に伝える「企業や経営者のメッセー

ジ」の重要性が高まっていくと考えられています。

　ミレニアル世代（定義に幅がある言葉ですが、ここでは1981～1996年生まれとします）は、気候変動などの社会問題に対する意識が高く、プロダクトを選ぶ理由として、環境保護などの企業の社会的責任（CSR）を重視する人が多いことで知られています。また、その下の世代は、社会問題に対する意識がさらに高いとする調査結果もあります。

　環境（Environment）と社会（Social）と企業統治（Governance）に配慮した会社に投資する「ESG投資」も注目を集める昨今、「その企業やプロダクトが、社会にとって良いものであるか」という点は消費者インサイトにも大きく影響します。若者たちの心に訴えるもののない、見せかけだけのプロダクトは、次第に、確実に、通用しなくなっていくでしょう。

　つまり、ブランディングを成功させるには、「素晴らしいデザインをまとわせ、社会やユーザーに届けたい」と思えるだけの本質がなければいけません。

　とはいえ、本来、企業経営をする上でミッションやビジョンやバリュー（MVV）などがまったく存在しない状態は考えにくいでしょう。企業経営をするにあたっては、何らかの「思い」があるはずです。ですから、基本的にはいま生き残っているすべての企業には、何かしらMVVと言えるものがあるのです。

　ただ、残念ながら、それがプロダクトにうまく反映されていない、または、MVVが単なる「言葉の羅列」でしかなく、企業活動と遠く離れた場所に存在していると思われる企業が多いのも事実です。

　そうではなく、企業が生まれ、活動する原点にある本質を組織全体に宿

らせ、ブランドに育て上げるのがブランディングの基本方針です。

「順番」が重要な理由

　これは、プロダクトに限った話ではありません。企業の柱たる本質は、企業のありとあらゆる部分に現れることが求められます。

　たとえば、高級ファッションブランドのお店に行くと、商品だけではなく、店内の空間ディスプレイなども、そのブランドを体現する魅力に満ちており、外から店内を覗くだけでドキドキしたり、少し緊張したりするものです。ところが、店内に入ったときの店員さんの応対がラフなものだったら、みなさんはどう思われますか？

　カジュアルなお店なら好感を抱く理由になるかもしれませんが、高級ブランドとしては、ブランドイメージを毀損する応対と感じる方が多いのではないでしょうか。

　ブランドとは、「プロダクトから最前線の従業員の振る舞いまで、一気通貫にすべてを貫くもの」です。逆に言えば、その統一なくして、ブランドは確立できません。

　まず内面を磨き、しかるのちに外見も磨く──。これが、ブランディングの正しい順番であると先述しましたが、企業の内面にも複数のレイヤーがあります。

　まずはインナーから。そして、プロダクト。魅力的な人たちが、魅力的なプロダクトを生み出す。その上で、見せ方＝デザインを考えるのです。

ブランディングの効果

プロダクトに作用する3つの効果

　ブランディングを適切に推進することで、企業全体に現れる効果は本当にさまざまです。そこで、ここではプロダクトに直接関係する効果を、3つに絞ってご紹介します。

① 保証効果（知っていることで買っても大丈夫という保証になる）
② 差別化効果（同じようなプロダクトの中でも選ばれる）
③ 付加価値効果（他のプロダクトより高価格でも選ばれる）

　保証効果を獲得することで、ユーザーの選択肢に入る。
　差別化効果を獲得することで、その選択肢の中でも目立つ存在となる。

付加価値効果を獲得することで、「このブランドでなければ」と感じる
ファンがつき、高品質であることは前提ながら、価格競争から抜け出し、
高価格でも買ってもらえるようになる＝利益が増える。

　そのような意味です。

　企業の目的は、社会的な意義を除けば、売上を伸ばし、利益を出すこと
が重要です（従業員を守り、CSR活動に力を入れるにも、利益がなければ
始まりません）。この状態を目指すのがブランディングだと捉えると、ブ
ランディングが経営戦略であり、一過性の広告戦略では成し遂げられない
ものであることが、改めてご理解いただけるのではないでしょうか。

時間がかかるからこそ、早期に着手する

　ただし、このような効果は簡単に得られるものではありません。

　ここまで例に挙げてきたフェラーリやアップル、やおきんのうまい棒、
コカ・コーラといったブランドは、現在、ユーザーが抱いているイメージ
から逸脱しない活動をコツコツと積み重ねてきたからこそ、ブランドを確
立するに至っています。

　私たちも、クライアントのブランディングを行う場合、最低でも数年単
位のプロジェクトになることをご理解いただいた上で取り掛かります。

　つまり、ブランディングに着手しても、その成果については長い目で見
る必要があるのです。そして、ブランドの確立に時間がかかるということ
は、必要性を自覚してから取り掛かっても、「時すでに遅し」となってしま
う可能性も否定できないのです。

　Chapter 1でも述べたように、選ばれるだけの理由がない企業は、自ず

ブランディングには時間が必要

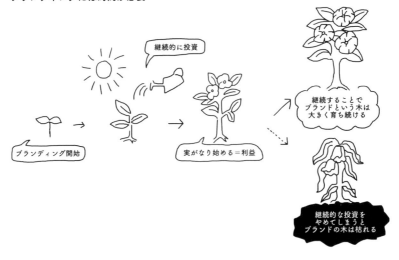

継続的に投資

ブランディング開始

実がなり始める＝利益

継続することでブランドという木は大きく育て続ける

継続的な投資をやめてしまうとブランドの木は枯れる

と淘汰されていくでしょう。そして、ブランディングなくして、そのような差別化の実現は難しく、着手が遅ければ遅いだけ、先行者にリードされてしまうでしょう。

　以上のような理由で、「中小企業にとって、ブランディングは早急に解決しないといけない課題である」というのが私の認識です。

　ですから、本書の内容に共感いただける企業には、できるだけ早く、ブランディングの実施を検討していただければと思っています。

　自社の動きが先行していれば、たとえ競合がその重要性に気づいてブランディングに着手したとしても、ブランドをすぐに確立するのは難しいため、リードを保ったまま、自社のブランドを育てられます。

また、ブランドがある程度確立され、ユーザーや取引先に認められるレベルになれば、強力な差別化のポイントとなります。

　企業の柱たる存在は、多くの場合、その企業を構成する人員や環境でなければ生まれません。そのため、模倣は非常に困難です。言い換えれば「模倣に負けないブランド・カルチャーづくり」が顧客の支持を受け、企業の生き残り戦略において必要不可欠な条件となっています。

　単に高品質な車を製造すれば、フェラーリになれるなら苦労はないように、ブランドを確立した競合の真似をしようとするなら、基本的にはM＆Aなどによって、巨額の資金を投下し、そのブランド自体を手に入れるくらいしか方法がないのです。

　つまり、ブランディングは、「攻めの施策」でもあり、「守りの施策」でもあるのです。そして、早く着手すればするほど、その効果は高まります。

グロウ・リパブリックの
"ネクストブランディング"

ブランド開発の3つのフェーズ

　ブランディングのメソッドにはさまざまなものがあり、解説する書籍も数多くありますが、ここでは、私の考える方法論をご紹介します。私たちは、デザインを柱として行うブランディングを「ネクストブランディング」と呼んでいます（以降、区別のために、私たちの手掛けるブランディングをこのように表記します）。

　ネクストブランディングは、次の3つのフェーズに分けて進めます。

① 情報収集フェーズ
② 開発フェーズ
③ 具体化フェーズ

「情報収集フェーズ」では、徹底的に情報を集めて整理し、把握・予測を行います。

「開発フェーズ」では、ブランドにするべき柱を明確化し、戦略などの方向性を開発していきます。

「具体化フェーズ」では、デザインやマーケティングを検討し、柱を磨きながら具体化させていきます。

この3つのフェーズで、企業のブランドを確立していくのです。

情報収集フェーズ

まずは1つ目の情報収集フェーズです。ネクストブランディングは、徹底的なヒアリングによって、情報を集めるところから始まります。そして、そうやって集まった情報をブレインストーミングのテーブルに載せて議論を尽くし、情報を整理していきます。具体的には次の5つのポイントを踏まえて進めていきます。

① 社内横断のプロジェクトチームを組成する
② 徹底的に考え抜く
③ 経営者目線と現場目線を交える
④ ビジュアルを交えて定義を明確にする
⑤ 議論のポイント──共通項と異質項

まだ世の中にない、新しいブランドを確立しようとするとき、周囲を探

して見つかるような既存の「答え」は存在しません。自分たちで正解をつくり出す意識が大切です。

そのためには、「誰よりも考え抜いた」と全員が納得できるところまで、徹底的に考え抜くことが不可欠です。

情報収集フェーズの5つのポイント

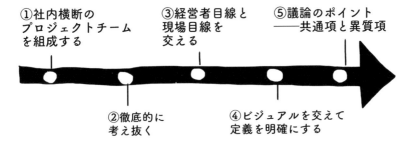

①社内横断の
プロジェクトチーム
を組成する

②徹底的に
考え抜く

③経営者目線と
現場目線を
交える

④ビジュアルを交えて
定義を明確にする

⑤議論のポイント
──共通項と異質項

情報収集フェーズ①　社内横断のプロジェクトチームを組成する

前チャプターで述べたように、ブランディングには経営者のコミットが必要不可欠です。

とはいえ、「経営者や役員などのボードメンバーがいればよい」という話ではありません。繰り返すように、ブランディングは、インナーから始まります。しかし、経営者にどれだけ素晴らしいミッションやビジョンがあっても、現場にはよく伝わっていないケースは珍しくありません。

そのような事態を防ぐために、ネクストブランディングでは、ブランドを生み、育てていく最初の段階から、現場に深くコミットする人材をプロジェクトチームに加えて議論を進めます。

　この作業で最も重要なのは、一部の人ではなく、広く関係者の意見をつのることです。文字通り、情報を徹底的に集める必要があるので、そのために必要な人たちが誰であるのかを考えてください。

　ただ、大企業ならある程度の選定が必要になるかもしれませんが、中小企業の場合は、全部署から責任者や優秀なミドル層のメンバーを出してもらえばよいでしょう。場合によっては私たちのような外部協力者も選定し、いまの自社にある良い点も悪い点も、すべて洗い出せるようなプロジェクトチームを組成しましょう。

　全社を横断するメンバーを集めることで、さまざまな知見を集められるだけではなく、社内の意見の統一も容易になり、チームビルディングの効果も得られます。

情報収集フェーズ②　徹底的に考え抜く

　チームができたら、ヒアリングや議論を徹底的に行います。

　どこに新しいヒントがあるかは、やってみなければわかりません。たとえば私たちが実際に関わった例では、ヒアリングに数週間かかったケースもあります。そして、情報が揃ったら、同じく徹底的に議論し、クライアントの柱となりうるもの、なるべきものを推測し、見定めていきます。

　大切なことは、とにかく「徹底的」にやることです。

　自分も周囲の人たちも、心の底から「考え尽くした」と思える――少し言

葉が悪いかもしれませんが、「もういいよ」と思えるところまで情報を集め、推測してください。

　これが重要な理由は、先述したように、ブランディングには時間がかかるからです。

　適切な方法論でブランディングを進めても、すぐに結果が出るとは限りませんが、そんな中で努力を続けるのは簡単なことではありません。不安に陥ることもあります。

　そんなとき、自分たちのブランディングの方針を、徹底的に考え尽くして導き出したものだと思えないと、「やっぱり○○のほうがよかったのでは……」といったマイナスの想像が膨らんでいき、場合によっては最初からやり直したり、ブランディングをやめてしまうことすらあります。

　ヒアリングや議論を行うときは、可能性を狭めないために、とにかく広く意見を募ります。私たちが手掛けるプロジェクトでは、食品会社でもないのに「好きな食べ物は？」を議題にすることもあります。

　ネクストブランディングでは、ポストイットに記入し、それをグループごとに分類するKJ法で情報を集めます。そして、集めたデータを市場・顧客（Customer）、競合（Competitor）、流通（Chanel）、自社（Company）の4Cに集約します。どのような形であっても、集めたデータを4Cに分類すると、以降の議論がスムーズになります。

　そして、仮説を立て、社会環境、市場潮流の把握をし、競合などの環境要因を収集していきます。また経営トップの思いをインタビューしたり、自社の強み・弱みやブラックボックスになっているような深刻な課題も掘り出していきます。その際、定量的なデータと定性的なデータが混在しな

いように気をつけて収集把握していくことも重要になります。

情報収集フェーズ③　経営者目線と現場目線を交える

　情報を集約・分類したら、ブランドの柱を見出すべく、議論を重ねます。

　議論は、できる限りフルメンバーで行うようにしてください。特に経営者やボードメンバーの参加は必須です。

　極端な例ですが、経営者の考えは高級志向なのに、現場が経費削減に力を入れているようでは、ブランドの確立など夢のまた夢です。経営層と現場、お互いの意見をしっかりとすり合わせなければいけません。

　たいていの場合、経営層は現場の問題を理解できていないことも多く、現場は経営者目線で考えることができないものです。全社一丸となってブランドの方向性を見出すには、互いの意識や問題点を理解しておく必要があります。

　ただ、現場が「経営者の思い」を理解するのは、それほど難しくありません。問題は、その反対のケースで起こる場合が多いのです。

　基本的に、経営者やボードメンバーは優秀な方が多いので、意見交換が適切にできれば、現場目線の理解自体はそう難しくありません。

　とはいえ、それは「現場の思い」がしっかりと引き出されている場合に限ります。

　経営者やボードメンバーに対して遠慮してしまい、本当に気になっている問題点を言えない現場のメンバーは少なくありません。ですから、「とにかく自由に発言できる空気」をつくることが重要になります。

　どうしても難しい場合は、外部の第三者をプロジェクトチームに加える

とよいでしょう。ファシリテーターとして振る舞わせることで本音を引き出しやすくなります。

情報収集フェーズ④　ビジュアルを交えて定義を明確にする

ブランディングの議論で必ず押さえていただきたいポイントが、ノートパソコンやタブレットを持ち込んで行うことです。

細部まで徹底的に話し合おうとするときに、言葉だけではどうしても不足が生じます。

たとえば、ひと昔前なら「ターゲットは40代女性」といった大雑把なセグメンテーションでも、商売が成立していました。しかし、今日のビジネスシーンにおいては、もっと細分化して、これまた徹底的に、イメージを具現化しなければ通用しません。

そんなときは、その場で「40代　女性」で検索するなどして、画像を確認し、ターゲットのイメージ像をより深堀りしてください。そして、イメージにぴたりと合う写真が見つかったら、「これだよね」とみんなで確認する。もちろん「イメージと違う」という人が出たら、その人の納得する画像を別に探して、全員が腑に落ちるまで話し合います。

このようにビジュアルを用いるのは私たちの得意分野なので、実際のプロジェクトでも頻繁に使います。たとえば、クライアントに必要な資料を推測し、あらかじめ商品の現物や雑誌を用意したり、画像集のファイルを作成して持ち込んだりすることもありますが、非常に効果的です。

また、イメージの統一には、「言葉に対する意識」も求められます。

「お客さまに早く届ける」といったときに、その「早く」を経営者は1時間

と考えているけど、ある現場メンバーは3時間と考え、また別の現場メンバーは1日と考えているかもしれません。

　経営者などがファシリテーターとなって、あいまいな表現が出たら「『早い』というのはどれくらいですか？」と確認し、定義を明確にしていきましょう。

　これは、数字などで表現しにくい言葉にも言えることです。たとえば、「かわいい」という形容詞。小さな赤ちゃんを見て思う「かわいい」と、ワイワイと楽しそうな高校生の集団を見て思う「かわいい」と、野良猫を見て思う「かわいい」は、それぞれ別の感情です。

　そんなときも、「その『かわいい』はどんな感じなのか、もう少し言葉を多くして説明できる？」などと訊ねることで、イメージがより明確なものとなります。その説明にビジュアルを用いるのもよいでしょう。

情報収集フェーズ⑤　議論のポイント──共通項と異質項

　情報収集フェーズで議論を交わすとき、意識しておきたいポイントが3つあります。

● **質より量**
● **自由に話し、他者の意見を批判しない**
● **連想と結合**

　まず、情報を集めるときは、「質より量」を意識します。

　それこそ「好きな食べ物は？」でもよいので、情報がどんどん出てくるよ

うに場を誘導していきましょう。一見、関係のなさそうな情報でも、ある程度の量が集まったときに何かが示唆されることは珍しくありません。むしろ、「質の高い発言をしよう」といった作為がない、無意識下の発言に大切なヒントが隠されていることすらあります。

そして、そのためには、「自由に話せる空気づくり」が大切です。特に、他者の意見に否定的な見解を述べるのはNGです。

中でも、立場が上の人が、部下の意見を批判しようものなら、「自由な議論を」と言ったところで、参加者は萎縮して当たり障りのない意見しか出なくなる可能性が高いでしょう。経営者やボードメンバーは要注意です。

最後に、上がってきた情報の断片に共通する要素を見出したり、1つにまとめるカテゴライズを考えたりする「発想」を意識します。

先ほど述べたように、些細なものに見える情報の断片も、ほかの断片とつながり、1つの大きなかたまりになった途端に、雄弁に何かを物語ることがあります。

また、そのような発想をするには、ここでもKJ法が有効です。ポストイットに書いて貼り出すなど、参加者が全情報をひと目で視認しやすい記録方法を採用するとよいでしょう。それぞれのパソコン等に入力して、あとで参照できるようにするのも大切ですが、集まった情報がどのように分布しているのかを可視化できると、それらをつなげる軸や共通項が格段に見つけやすくなります。

以上のポイントを意識した上で、徹底的なヒアリングや議論を経た情報

を集約できたら、4Cなどにカテゴライズして、もう一度その情報を眺めてみましょう。

ここで大切なのが、「共通項」と「異質項」という2つの視点です。

多くの情報に共通する要素は、社内のさまざまな立場のメンバーが認識しているものであり、企業の柱につながります（そのためには、部署や立場がそれぞれに異なる、幅広いメンバーが議論に参加しているのが大前提となります）。

そして、少数ながら目を引くものがある要素は、一人ひとりのメンバーのスキルなど、属人的なものである可能性が高いと言えます。共通化はされていませんが、企業の強みとして育てられる可能性があります。

つまり、共通項はブランドの土台となるもので、異質項は差別化を実現するブランドを育てるためのヒントとなるわけです。

開発フェーズ

続いては3つのフェーズの2つ目、開発フェーズです。

情報収集フェーズで吟味した情報を整理して、どんなブランドを確立していくのかを明確化し方向性を導き出していきます。中・長期的な視点を持って戦略の柱となるものをつくり上げていくのです。料理で喩えると、企業内で使えそうな良い材料を探すのが情報収集フェーズで、その魅力的な材料を用いたレシピを考えるのが開発フェーズです。

具体的には、次に示す4つのポイントで考えます。

① 情報を5つに分類し、具体化する

② 機能的価値とブランドパーソナリティから考える

③ 感覚的な要素にはビジュアルを用いる

④ ブランドビジョンを決める

　ここでも、自分たちがブランドを通じて、どんな価値を社会に提供できるのかを、徹底的に議論します。よく「腹落ちするまで話し合う」などと言いますが、テーブルに上がった情報を食べ尽くして、腹で考えるような感覚だと私は考えています。ネクストブランディングの場合、ここで合宿を張ることもあるほど、深い議論を必要とする部分です。

開発フェーズの4つのポイント

開発フェーズ①　情報を5つに分類し、具体化する

　情報収集フェーズで見えてきたものをブランドとして押し出し、企業の柱とするために、情報を5つに分類して、それぞれを具体化していきます。

1）ターゲットペルソナ：ブランドのターゲットとなる顧客層
2）機能的価値：ブランドから得られる具体的な効用
3）情緒的価値：ブランドそのものや、プロダクトから感じられる空気感や気持ち
4）ブランドパーソナリティ：ブランドを人に喩えたときの性格や個性
5）ブランドプロミス：ブランドが顧客に提供する価値の約束

　ブランドやブランディングの説明によく使われる例なのですが、わかりやすいので、スターバックスコーヒーにこの5つの要素を当てはめてみましょう。

1）ターゲットペルソナ：忙しい毎日を過ごす都会的な人たち
2）機能的価値：洗練された空間で提供される美味しいコーヒー
3）情緒的価値：心地よく、そしてリラックスできる／クリエイティブで自由な自分を表現
4）ブランドパーソナリティ：都会的であり、こだわりもありながらフレンドリー
5）ブランドプロミス：お客さまのサードプレイスとして、豊かで潤いのある価値ある時間提供

同社の会社案内を拝見しつつ、私の言葉も入れているので、これが正解とは言い切れませんが、どのようにブランドの中身を考えていくのかは、イメージできるのではないでしょうか。ちなみに、同社は「Moments of Connection ─つながりの瞬間─」というブランドプロミスを発表していますが、ここではわかりやすくお伝えするために、私のほうで「超訳」させていただきました。

　実際にブランドプロミスを考えるときは、最初は入れたい要素を余すところなく含んだ文章で考え、その後に言葉数を削って、イメージを膨らませるキャッチコピーのようにするのもひとつの手です。文章のままでもよいのですが、最終的に社内や社外に出すものは、できるだけシンプルな文にするのがベターです。

開発フェーズ②　機能的価値とブランドパーソナリティ
　　　　　　　　から考える

　上記の5つの要素に、「どれから考える」といった順番はありません。

　そのため、この説明もあくまで一例なのですが、機能的価値とブランドパーソナリティは比較的決めやすいため、ネクストブランディングはここから取り掛かります。

　機能的価値は、理屈で整理できる部分なので、最も決めやすい要素です。スターバックスの事例であれば「美味しいコーヒーを提供する」という部分です。

　ブランドパーソナリティは、実在の有名人に当てはめると考えやすくなります。同じ俳優でも、竹中直人さんと香川照之さんと木村拓哉さんでは、

特徴が大きく異なります。イメージの合う実在の人物を考え、その人の性格や個性を言語化してみてください。

たとえば、多くのメンバーの持つイメージに、美しさやたおやかさが共通している自動車メーカーがあったとします。有名人にたとえるなら、凛としたイメージのある女性などが当てはまりそうです。その企業のブランドパーソナリティは、少なくとも、荒々しさや雄々しさとは無縁で、体格のいい男性俳優を思い浮かべる人はいないはずです。

開発フェーズ③ 感覚的な要素にはビジュアルを用いる

一方、「ターゲットペルソナ」と「情緒的価値」と「ブランドプロミス」は、かなりの議論を要することが多い部分です。

ちなみに、ターゲットペルソナで「全員」というのはありえません。コモディティ化した市場でトップを狙える大企業なら考えられないこともありませんが、平均点の高さでトップを狙えない中小企業は、明確なターゲット層を設けるのが必須です。

また、先述したように「40代女性」といったレベルではなく、どんな見た目、どんな性格、どんなライフスタイルの40代女性なのか——といったところまで考えます。ここでも、有名人や共通の知人を参考にして、そこからブレイクダウンしてもよいでしょう。

また、ブランドプロミスは、企業が顧客に提供できるものは1つだけとは限りませんが、最も純度の高いものを1つだけ設定するべきだと私は考えています。

このような、感覚的で難しい内容について考えるときは、情報収集

フェーズと同様にビジュアルを用いるのがおすすめです。

　ネクストブランディングでは、この段階で必ずビジュアルを作成して、参加メンバーの合意を得るようにしています。一般的なブランディングの場合、言葉だけで完結することが多いのですが、すでに述べたように、その言葉から各メンバーが受け取るイメージが一致するとは限りません。

　プロジェクトに参加する各部署のメンバーは、その後、その部署のほかのメンバーにブランド戦略を伝えていく役割を担います。

　ですから、社内のベクトルを束ねてブランディングに臨むには、開発フェーズの段階で、プロジェクトチームに参加するメンバー全員のイメージを一致させなければいけません。そのためにも、ブランドのイメージは言葉だけでなく、ビジュアルもセットにして共有してください。

開発フェーズ④　ブランドビジョンを決める

　先に挙げた、情報の5つの要素、

1）ターゲットペルソナ

2）機能的価値

3）情緒的価値

4）ブランドパーソナリティ

5）ブランドプロミス

　について話し合い、そのイメージをビジュアルも含めてしっかりと共有できたら、「このブランドを確立することで、自社がどうなっていくのか、また、どうしていくべきなのか」というブランドビジョンを決めます。

これは、現時点ではまだできていない、「今後こうなりたい」という目標です。

　ブランドにしたいものが明確になっても、実際に市場からブランドと認められるようになるまでには、長い時間がかかります。それまで、ただがむしゃらに努力するだけでは疲弊してしまいます。全メンバーが、「このブランドを育てることができたら、きっとこんな企業になれる」と思えるビジョンを見出し、明確な目標として設定できれば、モチベーションが高まります。

　大切なのは、「小さくまとまらないこと」です。少し背伸びするくらいの目標で合意形成できると（単に押しつけるのではなく、全員が納得することが大切なので、その点は要注意です）、その目標に向けて頑張ろうという気力が湧き、成長スピードも早くなります。

価値は「掛け算」で尖らせる　　　COLUMN

　自社ブランドの中身を具体化していく上で、意識してほしいのが「特徴の掛け算」です。1つの要素を磨き、価値を高めていくことはもちろん重要なのですが、複数の要素を掛け合わせると、より目立ちやすく、真似されにくいプロダクトになります。

　"持ち歩ける"×"カセットプレイヤー"であるソニーのウォークマン、"消せる"×"ボールペン"であるパイロットのフリクションなど、新発明のように見える商品でも、要素を分解してみると実は突飛なものではなく、私たちの頭の中にも普通にある言葉やアイデアの掛け算になっているものです。

　牛丼の吉野家のコンセプト「うまい、やすい、はやい」も掛け算です。「うまい牛丼」や「やすい牛丼」や「はやい牛丼」は、それぞれ十分に魅力的ではありますが、圧倒的に尖っているとは言えません。"うまい"と"やすい"と"はやい"を掛け合わせたからこそ、吉野家は今日のブランドを確立できたのではないでしょうか。

　ブランドについての議論で、先述した異質項が重要になるのも、このような理由があるからです。共通項をベースに、社内にある異質項の芽を掛け算できないか──と考えると、新しい発見があるかもしれません。

具体化フェーズ

ブランドの具体的なイメージと、将来のブランドビジョンを合意形成できたら、いよいよ3つ目の具体化フェーズです。フェーズ2までで練り上げてきたイメージを具体化するために動く段階です。

企業を構成するありとあらゆる要素において、ブランドの本質が体現されるようにコントロールしながら、さまざまなツールやビジュアルを形にしていきます。

ネクストブランディングで実際に行われる取り組みを詳細に記すと、それだけで本が1冊書ける分量になってしまうため、概説にとどめますが、ブランドの価値を具体化し、広めるフェーズと言えます。具体的には、次の3つのポイントで進めていきます。

① ブランドアイデンティティ（BI）の開発
② ブランド世界観の規定
③ ブランドの広がり

具体化フェーズ①　ブランドアイデンティティ（BI）の開発

具体化フェーズの目的は、機能的価値と情緒的価値をつくり、その価値を広めることです。

ブランディングの主な役割は、後者の情緒的価値をつくることですが、

具体化フェーズの3つのポイント

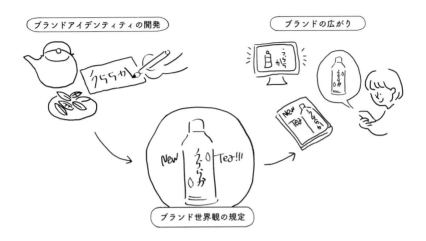

ブランドを体現する(感じることができる)プロダクトがなければ、ブランディングは成立しません。経営者やボードメンバーが企画・開発の現場もチェックして、ブランドイメージに合ったプロダクトが完成するようにクオリティコントロールを行うのも、ブランディングのうちです。

　プロダクトがブランドイメージから外れたものになってしまうと、その他の施策をどれだけ丹念に行ったところで、ブランディングは失敗に終わります。

　以上を前提として、ブランドの価値を広めるためにまず取り掛かるのが、ブランドアイデンティティ(BI)の開発です。

　BIは、ブランドイメージを伝えるためのロゴやカラー、メッセージなど

の総称です。CIのブランド版とも言えます。

　P＆Gのように、パンパース、プリングルスなど傘下にさまざまなブランドを持つ企業の場合、CIとは別に、ブランドごとのBIを持っています。また、アップルのように、CIとBIの切り分けがなく、1つのマークが全プロダクトに用いられる企業も少なくありません。

　BIは、ブランドイメージを視覚的に伝えられるロゴマークやシンボルマークなどのビジュアルアイデンティティ（VI）、ブランドイメージを直感的に伝えられるブランドスローガンなどを開発します。吉野家で言うと、牛のロゴマークが前者、「うまい、やすい、はやい」が後者です。

具体化フェーズ②　ブランド世界観の規定

　ブランドを中長期的に育て、用いていく上で求められる「世界観」をより明確にするため、「ブランドガイドライン」を作成します。

　具体的には、新入社員などに自社のブランド戦略を伝え、理解してもらうためのブランドブックを作成したり、広告を行う際のデザインルールを決めたりと、これから従業員や市場に愛されるブランドを育てるために「するべきこと」「するべきではないこと」を規定します。

　ここで言う「世界観の規定」とは、そのすべてをブランドイメージに沿う形にするために、必要な取り組みを明確にする――という意味です。この作業は、プロダクトがまったく形になっていない、議論のみの段階では方向性を明確にできない部分があるので、具体化フェーズでさらに追求するわけです。

このように書くと、「ブランド世界観は、すでに開発フェーズで考えられているのでは？」と思う方もいるかもしれません。

実際、ブランドパーソナリティやブランドプロミスは、その土台となるものです。

ブランドを体現するプロダクトでなければ、ブランディングは成立しないと先述しましたが、「プロダクトがあるのみ」でも、同様にブランディングは成立しません。

ブランドを伝えるツールは、プロダクトやBI、自分たちの思いを簡潔な文章にしたブランドステートメントだけではありません。ユーザーや取引先から見えるタッチポイントのすべてが、同じトーン＆マナーで貫かれているのが理想であり、最終目標となります。

企業がブランド戦略を打ち出した瞬間から、繰り返し述べているインナーや、ウェブサイトのつくり、名刺、カタログ、パッケージ、店頭やパンフレットで使われている文字フォントに色使い、コミュニケーションツール、SNS、ユニフォーム、ニュースレターなど、さらには経営者の見た目や立ち居振る舞いまで、ありとあらゆるものがブランドイメージとの整合性を問われることになります。

具体化フェーズ③　ブランドの広がり

最後に、①でつくったBIと、②で決めたその使用法をもとに、ブランドを知ってもらうための施策を考え、実行していきます。

社外に知ってもらうための宣伝広告だけではなく、社内に知ってもらう

ための取り組みも必要不可欠です。しつこいようですが、ブランドはインナーからです。

　特にマネジャー層を中心に、新ブランドの開発の思いや戦略を共有する説明会を開催し、現場のメンバーまで伝達していく作業も忘れてはいけません。

　ブランドの背景や定義の説明として、「ブランドとは何か？」――ブランディングの意図・意味や効果効能を伝えることから、BIの解説も行いましょう。

「権限委譲」はしっかりと COLUMN

　先ほど、「経営者やボードメンバーが企画・開発の現場もチェックして、ブランドイメージに合ったプロダクトが完成するようにクオリティコントロールを行うのも、ブランディングのうち」だと述べました。経営者やボードメンバーが現場をこまめにチェックするのが難しい企業の場合は、現場の責任者にプロジェクトマネジャー（PM）として、プロダクトの開発を主導してもらいます。

　PMの下で働くメンバーがブランド戦略を理解できず、うまくことが進まない可能性も考えられます。そのため、PMには大鉈を振るえるだけの権限が求められます。形だけの責任者ではなく、権限委譲が適切に行われている必要があります。

　裏を返せば、理解度の低い人にはPMを任せられないのです。また、だからこそ、ブランド戦略のプロジェクトチームは、全社を横断する編成にしなければいけません。

　PM候補となる優秀な人材が、情報収集フェーズや開発フェーズで経営者らと議論を尽くすことで、ブランド戦略をより深く理解することができるのです。

Chapter **3**

ネクストブランディングにおける
デザインの力

ブランド戦略は右脳で考える

デザインだけが欠けているブランディング

　前チャプターでは、ネクストブランディングの流れを説明し、デザインやビジュアルの重要性についても触れました。このチャプターでは、ネクストブランディングにおけるデザインの重要性について、より詳しく説明します。

　ご一読いただければ、私がデザイン畑の出身であるから、そう主張するわけではないとおわかりいただけるのではないかと思っています。

　ちなみに、近年は「左脳が論理、右脳が創造性」という切り分けは非科学的であるとする研究もありますが、ここではわかりやすい表現として、理論や言語を「左脳的」、感性やイメージを「右脳的」と記します。

バランスの取れていないブランド戦略

　この項の大見出しには、あえて「ブランド戦略は右脳で考える」と書きましたが、私はブランディングを右脳的アプローチのみで推進すべきではないとも考えています。特に、「経営目線のない右脳的なアプローチ」は危険です。本当に大切なのは、「左脳と右脳のバランス」だと言えます。

　ブランディングに取り組む企業は、議論を尽くし、考えに考え抜いて、ブランド戦略を策定するものです。ブランディングの方法論は、ある程度は確立されており、参考になる理論、使いやすいフレームワークを紹介する書籍も多く、左脳的なアプローチを補助するツールも多くあります。コンサルティング会社は、その最たるものと言えます。

　要するに、いま日本中で行われているブランディングの多くは、左脳的アプローチがメインで、右脳的アプローチとのバランスを欠いている状態なのです。

　ブランディングの現場では、「考え方はわかるけど、具体的なブランド名やロゴが響かない」とか、「コンサルタントの説明に全員が納得し、士気も高く作業を進めたけど、考えていたようなプロダクトが生まれなかった」といった声がよく聞かれます。

　これは、バランスが取れていないブランディングが陥りがちな典型的パターンです。

　つまり、理論は素晴らしいが、右脳的アプローチが弱く、伝わらないアウトプットになってしまう。多くの企業は、ブランディングを推進する際

に、コンサルティング会社の出すコンセプトや数字を重視しています。その結果、クリエイティブが切り離されてしまっているのです。

しかし、繰り返しになりますが、どれだけ優れた理論構築がなされていても、最後のタッチポイント（ブランドとの接点。たとえば、ウェブサイト・店舗・広告・プロダクトなど）が微妙では結果につながりません。

デザインは「最後の仕上げ」のように思われがちです。また、工程としては、実際にプロダクトづくりの終盤に行われるケースが多いものの、その仕上げは中身と同じくらい重要です。

そして、優れた仕上げをするために、中身についての知識が必要不可欠であるのは言うまでもありません。

バランスが軽視される理由

この問題は、前チャプターでも例にしたように、料理で考えるとわかりやすくなります。

どれだけ革命的で素晴らしいレシピが生まれても、実際に調理しなければ、その真価は伝わりません。下手な人が調理しようものなら、まったく別物の微妙な料理になってしまう可能性すらあります。

でも、よくよく考えれば、これは当たり前の話です。レストランの料理に感動したら、みなさんはシェフに注目するのではないでしょうか。「レシピを考えたのは誰だろう？」と考えるマニアックな人は少数派に違いありません。

ところが、なぜかブランディングは、レシピ＝理論構築が重視されやすくなります。

これは、「理論へのアクセスが容易だから」とか、「調理＝デザインを軽視しているから」といった単純な話ではなく、以下の2つの理由があると私は考えています。

① デザインの定義が間違っている

② 最終的に仕上がったデザインで良いと思っている

　①については、後ほど詳述します。ここでは、「『単に見た目を良くすること』がデザインだと認識している人が多い」と解釈してください。

　②は、「デザインを軽視している」「見る目がない」といった意味合いではありません（ただし、そうである可能性も考えられます）。そこにはもっと大きな問題が隠れています。

　それが、「ブランドについての知識量」です。

　自社のブランド戦略に携わるメンバーは、そのアウトプットたるプロダクトの完成までに尽くされた議論、込められた思い、投入された経営資源などについて、十二分に理解し、その重みを実感しています。

　しかし、これは「知りすぎている」とも言い換えられます。

　ブランディングにおいて真に求められるデザインとは、消費者インサイト（95％の無意識）に訴え、情報を持っていない人にもブランドの魅力が伝わるビジュアルをつくることです。

　つまり目的は、「このブランドはよさそうだ」と"何の前情報もない人"に思ってもらうことです。ところが、ブランド戦略の出口をチェックするメ

ンバーに、そんな人がいるケースは稀でしょう。

　そのために、芯を喰っていないデザインでも、頭の中で「そのブランドらしさ」を補うような「錯視」をしてしまう可能性があるのです。

　ここで言う"芯を喰う"とは、「ブランドの魅力を過不足なく伝えている」という意味で、単に見栄えがいい状態は指しません。困ったことに、ある程度の力量を持つデザイナーなら「見栄えのいいもの」はつくれます。そこでダサいものが出てくれば、むしろ問題だと認識できるでしょう。しかし、見栄えは悪くないだけに、そのプロダクトに隠された意味を——デザインからではなく、自分の脳内から——補完してしまう。すると「いいデザイン」に思えてゴーサインを出してしまう……。

　私は、左脳と右脳のバランスを欠いたブランディングの成果物が、そのまま世に出てしまう理由は、上記のようなものではないかと推測しています。料理だって、レシピを考えた本人や、レシピを議論した仲間内であれば、実際に調理するまでもなく、その真価は理解できる（できてしまう）のではないでしょうか。

スタートから両輪で進むスクラム方式

　一方、ネクストブランディングは、関連する部門に順番にバトンを渡していくような「リレー方式」ではなく、スタートから理論とクリエイティブが手を組んだ「スクラム方式」で進めていきます。プロジェクトチームの最初の打ち合わせから、必ずクリエイティブの担当者に参加してもらっています。

リレー方式とスクラム方式

理論と言語が先行した議論を終えてから、BIやプロダクト、ウェブサイトのデザインなどを考えても、多くの場合は手遅れです。それは車の片輪走行のようなものです。

　その状態である程度走った車を、最終工程近くで初めて両輪にしたところで、片輪走行中に本来の進行方向からは大きく逸れてしまっています。

　そんなブランディングでも成功するケースはありますが、それはデザイナーが非常に優秀で、「最初からスクラム方式で進んでいたら、こちらに進んでいたのだろう」という方向にハンドルを切って、軌道修正するデザインをしてくれるからです。

　しかし、議論の経過を知らずに、結果だけを見せられて、「進むべき方向」を正しく理解するのはとても難しいことです。また、仮にそのレベルの優秀なデザイナーがいたとしても、ブランド戦略の最初期からコミットできれば理解はより深まります。最初からスクラム方式で進むほうがはるかに効率的だと言えます。

　このような左脳先行の失敗例として私が思い浮かべるのが、日本の家電メーカーです。

　技術力も、デザイナーの能力も、超一流であるはずなのに、グローバル市場における存在感が低下しているのは、左脳と右脳のバランスを欠いているからではないでしょうか。

　たとえば、薄型テレビの開発。技術畑が「とにかく薄いテレビをつくろう」と決めて、その技術開発を大筋で実現してから、やっとデザイナーの出番になっているように感じられます。本来は、最初からデザイナーが

入り、「テレビが薄くなることで、ユーザーのどんな問題を解決できるのか？」と考え、そこから設計していくことが大切なのです。

　この話は、少しブランディングから外れているように感じる方もいるかもしれませんが、このような問題解決の視点と、ブランディングの左脳偏重の問題をつなぐのが、先ほど触れた「デザインの定義」です。次項で詳しく説明していきます。

"デザイン"とは何か？

"クリエイティブ"の中に
"デザイン"と"アート"がある

　デザインの定義にはさまざまなものがあり、また漠然とした部分もあります。ここでは、私なりの定義をお伝えしていきます。

　まず、次ページの図を見てください。この図における一番大きな概念は"クリエイティブ"です。これも解釈の広い言葉ですが、「創造性をベースにつくられた制作物」とします。

問題提起の"アート"、問題解決の"デザイン"

　では、"アート"と"デザイン"は何が違うのでしょうか。アート＝芸術とは、「問題提起」を社会に対して行うものです。作品をきっかけに、社会問題に対する意識を持ったり、感動したりするのが典型例です。

クリエイティブ／アート／デザインの関係

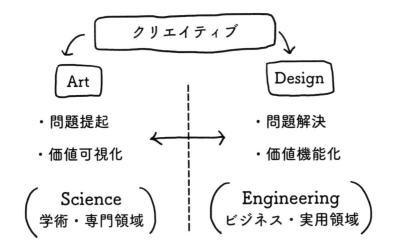

　2019年12月にInstagramで発表された、ストリートアーティストのバンクシーの新作は、ホームレスらしき男性が寝そべるベンチを映すカメラが引いていくと、ベンチの横の壁にトナカイが描かれている——という動画作品でした（次ページ参照）。ベンチがソリ、男性がサンタクロースに見えることで、クリスマスを前に貧困問題に意識を向けさせる内容になっており、「これぞアート！」という作品です。

　一方、デザインは、社会の「問題解決」をするクリエイティブと言われています。
　具体的な問題を、見た目だけの話に限らず、さまざまな体験を通じて解決に導くのがデザインの役割です。「かっこいい／かっこよくない」「かわ

バンクシーが2019年に発表した動画

いい／かわいくない」といった評価基準ではなく、「問題解決をできている／いない」が良し悪しの基準となります。英語でも、「design」は「設計」と訳されます。決して「装飾」ではないのです。

　私はアートの人間ではありませんが、このデザインの定義については、僭越ながら問題提起をしたいと考えています。つまり、見栄えの向上に特化するあまりに、使い勝手を向上させる機能的デザインができていないデザイナーも少なくないと感じるのです。

　もちろん、「見栄えをよくすること」が最大の目的なら、それでも問題ありません。しかし、ほとんどのプロダクトには、それ以外の目的があるはずです。

　逆に言えば、本来なら、見た目が微妙でも問題解決ができていれば、「機能的で優れたデザイン」と言われるべきなのです（見た目が良いに越したこ

とはありませんが)。

　たとえば、喉を殺菌・消毒する「のどぬ〜る」や発熱時におでこに貼る「熱さまシート」、コンタクトレンズを外したあとに眼球を洗浄する「アイボン」など、小林製薬の製品は、けっしておしゃれとは言えないかもしれませんが、問題解決のために非常に考えられたデザインです。

　小林製薬にとっては、命名も非常に重要なデザインの一部であり、使い方や用途が容易に想像できて、なおかつユニークなネーミングが同社の特徴だと言えます。これもブランドの方針なのでしょう。

　そしてパッケージも、若者がクールに感じる類のものではないものの、使用感などのイメージを膨らませるものです。ヘルスケア用品は、使用法などを間違えると危険なケースもあるので、説明書きなどの文言を読む時間をユーザーに割いてもらいやすいジャンルではありますが、その敷居を下げるために知恵と工夫を凝らしていると感じます。

ですから、小林製薬の製品は、ブランドのコンセプトに則った優れたビジュアルと言えるのです。

　同社の製品は「ビジュアルにおける『正解』は、ブランドによって大きく異なる」ということを示す好例です。

「問題」からデザインが生まれる

　ここで、「問題解決」という視点から見て、真に優れたデザインと言える事例を、ほかにもいくつか紹介します。

● TONTINE の消費期限つき枕

　みなさんは枕を定期的に買い替えたり、洗ったりしていますか？

　枕カバーや、枕に巻くタオルなどはそうしていても、枕自体は数年単位

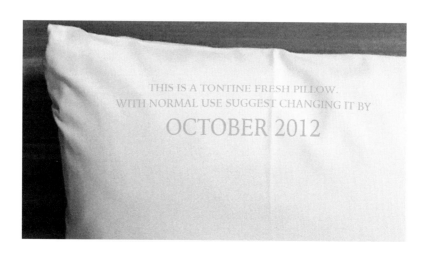

で使用し、洗濯もしないままの方も多いのではないでしょうか。ひょっと
すると数十年単位……という方もいるかもしれません。

　しかし、いくらカバーなどをかけていても、長年使えば汗や脂が付着し、
それらを食べる生物や雑菌も住みつきます。おまけに、買い替え需要がな
いと売上に直接響きます。つまり「枕のほったらかし問題」は、ユーザーの
健康問題でもあり、企業の経営課題でもあるのです。

　これを鮮やかに解決したのが、オーストラリアの枕メーカーである
TONTINEです。TONTINEは、枕に消費期限をつけ、売り場では古い枕
を捨てられるようにして集中的なプロモーションを行い、大成功を収めて
います。

● カップヌードルのフタ止めシール

　日清食品株式会社の「カップヌードル」のビニール包装の下部には、お湯
を注いだ後にフタが開かないようにするためのシールがついています。フ

タを止めるのも利便性向上のひとつの施策ではあるのですが、実はこのシールの登場当初には、他の問題も解決する意味合いがありました。

　若い読者はご存じないかもしれませんが、昔のカップヌードルは現在のような紙カップではありませんでした。フォルムはいまとほぼ同じですが、仕様上、隙間がなくフィルムがぴったりと巻かれ、フィルムを開けるのが難しかったのです。

　そこに登場したのがフタ止めシールです。このシールを剥がすと、同時にフィルムに穴が開きます。フタを止めるという機能よりも、このことに大きな衝撃を受けたユーザーも多かったのではないでしょうか。

　現在の紙カップは底面に隙間があるので、そこに指を差し込めばシールを剥がさずとも簡単にフィルムを剥がせますが、かつてはこんな複合的な問題解決を果たしていたのです。

● 能作の曲がる錫器

　富山の錫物メーカーである株式会社能作は、曲げてカゴや小物置きにできる錫製の商品や、同じく錫でつくった器を製造しています。

　柔らかく、お水やお酒をまろやかにすると言われる錫の器「錫器」は、一般的には硬度を上げるために他の金属を混ぜてつくられています。そこから「曲がってもいいのでは？」という逆転の発想で、曲がる錫器が生まれました。このアイデアは海外でも話題になっているようです。

　これらの事例の中に、コラムで触れた"消費期限"×"枕"や、"曲がる"×"錫器"といったアイデアの掛け合わせがある点も要注目です。

　自社のブランド戦略を検討するとき、いまあるメインのプロダクトに何

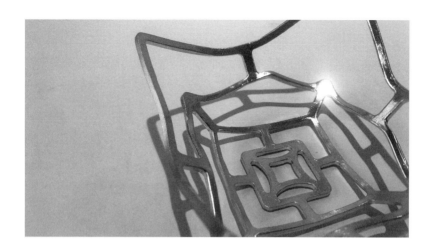

かを掛け合わせることで、より深い問題解決ができないか——と考えてみ
てはいかがでしょうか。

体験をデザインする

　もしかしたら、いまご紹介した事例の中で、能作の曲がる錫器に関して
は、明確な問題とその解決を感じなかった方もいるかもしれません。

　陶器なら曲がるくらい柔らかくなると、「落としても割れない」という問
題解決ができるかもしれませんが、金属器は比較的衝撃に強そうです（「落
としても床を傷つけにくい」といった点はあるかもしれません）。

　しかし、中小企業が目指すべきデザインのヒントは、むしろ曲がる錫器
にこそあります。

　近年、ありとあらゆるビジネスにおいて、ユーザーエクスペリエンスが
重視されるようになっています。前述のスターバックスコーヒーも、美味

しいコーヒーの提供ではなく、お客さまが体験する「つながりの瞬間」をブランドプロミスとしています。

コーヒーやサンドイッチ、お菓子などの味は優れているべきでしょう。しかし、考えるべきは、プロダクトに触れることでユーザーが得られる"体験の質"なのです。

曲がる錫器を改めて見ると、そんな体験が込められているのがよくわかります。

その存在を知って驚き、実際に触って驚き、形を変えれば変えた分だけ「世界で唯一の錫器」に出合える驚きがあります。

器などの陶芸体験ができる窯元がありますが、これも器以上に、「完成するまでの体験」を売り物にしているのではないでしょうか（能作の工場でも、錫の錫物製作体験を実施しています）。

もちろん、手元に残るのは完成した器ですが、その体験がプロダクトをより特別なものにするはずです。プロの手によって美しく整形された器よりも、自分作の下手くそな器のほうが気に入る体験者も少なくないように思います。

そして、実は、このようなデザインも問題解決をしているのです。

それは、「人生の充実」という、非常に大きな課題です。

現代の日本は、天災への警戒や世界情勢への不安などはあるにせよ、多くの人が「生きぬいていく」ことを目標にしないで済む国だと思います。

そして、生きることの難易度が下がると、人間は人生の充実を求めるものです。誰だって、死んだように生きたくはありません。お金がなければ空腹時は「食べられれば何でもいい」と思えるのに、余裕ができたら「美味

しいものが食べたい」と思う。それが人間という生き物の性質ではないでしょうか。

　ですから、体験が求められる時代になっているのも、当然の流れだと思います。同じ美味しさのコーヒーを飲めるなら、より居心地の良い喫茶店のほうがいいですよね。

　つまり、ポジティブな驚きを与えられるプロダクトは、それだけで十分に「問題解決を果たすデザイン」と言えるのです。

　真のデザインとは、プロダクトのビジュアルの前に、人間の心理を考えることで生まれます。どんな行動をするのか、どんな気持ちなのか、どんな反応をするのか──。ビジュアルは、その考察から導き出された、人間の行動や反応を誘導するためにあります。

　ユーザーが「Instagramにアップしたい」と思うパフェがあったら、プラスの感情を喚起させ、写真を撮りたくなるように誘導されていることになります。つまり、つくった人が狙ってそうしているなら、「インスタ映え」も立派なデザインなのです。

　そもそも、プロダクトは人間の「欲望」なくして生まれません。洗濯板で洗うのはつらいから、洗濯機が生まれるのです。

　自社のプロダクトを必要としてくれる人は、何が不満なのか？　何を求めているのか？

　この点を深く考えることで、そのプロダクトに本当に適したデザインが立ち上がってくるはずです。また、それがブランドを生む芽にもなると思います。ぜひ、一度考えてみてください。

ビジネスの現場で
求められるデザイン

ブランディングの問題をデザインが解決する

　デザインを「問題解決のクリエイティブ」と認識すると、ブランディングに必要不可欠な要素であるとご理解いただけると思います。

　すでに述べたように、ブランディングで左脳的アプローチが軽視されることはほとんどありません。ブランディングが成功しない原因は、「論理の質」に問題があるケースもあるかもしれませんが、多くの場合は「デザインの不在」にあると思われます。

　つまり、「問題解決の手段であるデザインがないために問題が発生する」という、禅問答のような状況になっているのです。

　以前、ある経営者から呼ばれ、ウェブサイトを制作してほしいという依頼を受けました。私は、その企業が大手のコンサルティング会社と契約

し、ブランディングに取り組んでいたことを聞いていたので「そのコンサルティング会社さんが制作するのではないですか?」とお聞きしたのですが、社長はこうおっしゃいました。「制作を進めていたのだけど、ユニークなものが出てこないです。正しいのだけど、面白くない。これでは他社と同じものになってしまうと思って、宮村さんに来てもらったんです」。

こうしたケースは、実はかなり多くあります。左脳的アプローチが優先されることで、デザインがおざなりになってしまうというのは、百戦錬磨のコンサルティング会社をもってしても、とても陥りやすい罠なのです。

「最後の仕上げ」の重要性

下の図は、企業がブランディングに取り組むときの作業フローです。

ブランディングに限らず、すべての施策に言えることですが、出発点は企業の抱える悩みなどの問題です。現状に課題や不満のない企業がブランディングに取り組むことは少ないでしょう。

悩み→整理→社会に正しく発信する(デザイン)

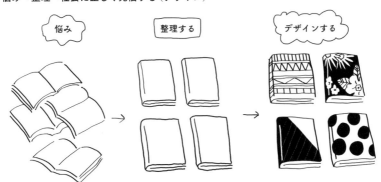

悩みを解決する課題としてブランディングに取り組む場合、問題を整理して、どのような施策を取ればいいのかを検討することになります。

　一般的にビジネスにおける「課題」とは、問題をポジティブな方向に持っていくためにする行動を指します。たとえば「偏差値が低い」という問題があったら、「勉強する」のが課題になるわけです。

　そのため、先ほどの図の「整理」には、「いまある悩みを解決するための課題が、本当にブランディングでいいのか？」といった議論も含まれて然るべきなのですが、ここではブランディングに話を絞ります。

　「整理」のフェーズでは、企業の問題点や持っている強みなどを可視化し、自社が「どんなブランドを打ち出せばよいのか」を検討します。

　ここまでは順調に進む企業も珍しくありません。やはり問題は、最後のデザインです。ユーザーや取引先は、そこまでの社内の取り組みも知りません。どれだけ中身の濃い議論が交わされていても、微妙なアウトプットではブランドを確立できません。

　ここでいう"デザイン"とは、ほぼ内容が固まったプロダクトのビジュアルを考えるという作業ではなく、前項で定義した"デザイン"を指します。すなわち、「問題解決」をするためのクリエイティブ作業全般です。

　企業の価値・本質を正確にまとめ、社会にわかりやすく伝える——。これは、すべてデザインの担う領域です。コンサルタント目線で言えば、クライアントが持つ資源を再発見し、再構築して、最も伝わりやすいビジュアルを提案する。これもすべてデザインです。

デザインの価値が上がっている

「はじめに」で、「欧米では、経営とデザインは切っても切り離せないものとする考えが根づいています」と書きましたが、この点についても、デザイン＝問題解決と考えると、よくおわかりいただけるのではないでしょうか。単に「見た目をとことん追求するのが欧米のスタンダード」という意味ではないのです。

欧米のビジネススクールでは、マーケティングやブランディングと一緒に、デザインを学ぶのが当たり前になっています。また反対に、デザインを学ぶアートスクールでも、デザインで問題解決し、制作したビジュアルでいかに他者とコミュニケーションを図るのか——といった訓練をしっかりと受けるそうです。

同じく「はじめに」で、経済産業省と特許庁が取りまとめた『「デザイン経営」宣言』から、企業がデザインに投資した金額に対して、営業利益は4倍、売上は20倍になり、米国の株式主要500銘柄の中で「デザインを重視する企業の株価」は全体と比べて2.1倍に成長しているという調査を紹介しましたが、この数字も、デザインを「問題解決」と翻訳すれば納得いただけるでしょう。

本質的な効果がありながら、ROI（投資対効果）も高いので、欧米のビジネスシーンで注目を集めるのも当然だと思います。『ビジネスの限界はアートで超えろ！』（増村岳史著／ディスカヴァー・トゥエンティワン）によれば、近年は経営学修士（MBA）よりも美術学修士（MFA）のほうが、給与も待遇も良くなっているそうです。

いまやMBAホルダーよりも、MFAホルダーのほうが稼げる時代になっている――。

　この事実は、デザインの重要性を示しているのではないでしょうか。MBAとMFAの学位を両方取得できる、デュアルディグリープログラムを実施している大学もあるようです。

　ただ、しつこいようですが、最も重要なのは「バランス」です。これは決してMBAの価値が低いというわけではありません。単純に、MBAを取得するビジネスパーソンが多く、現場が左脳偏重になっているから、MFAホルダーの価値が相対的に上がっているのだと考えるべきでしょう。

ネクストブランディングで
優れたデザインを生み出すには？

真のデザインを生む3つのポイント

　本チャプターの終わりに、ブランディングの現場で、問題解決としての優れたデザインを発揮するために、私たちが必要だと考える3つのポイントを紹介します。

ポイント①　戦略を理解しデザインを行う
ポイント②　「体験をつくる」という発想
ポイント③　ブランドコンセプトを全タッチポイントに落とし込む

ポイント①　戦略を理解しデザインを行う

　デザインは、ユーザーの問題を解決する「機能」と、見る人に「問題を解

決してくれそうだ」と思わせる（またその上で、できれば見た目としても）優れた「ビジュアル」の両輪を形にする作業です。

　日本の企業に多い構造的な問題は、「戦略策定にデザイナーを付き合わせるのは時間の無駄」と考える方が多いことです。

戦略とデザイン

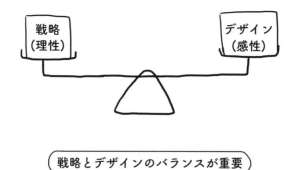

戦略とデザインのバランスが重要

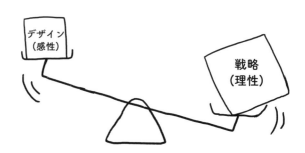

理屈に寄りすぎた「おもしろみ」がないデザイン

私が見聞きする限り、「デザイナーは戦略に興味がない」と思っている方も少なくありません。しかし、そんなことはないのです。デザイナーは、ビジュアルを形にするために、さまざまな要素に目を配り、頭を悩ませています。

　左脳と右脳のスクラム方式の項で触れたように、デザイナーの能力を最大限に発揮させるには、戦略策定の段階からの情報があるべきです。それを抜きにして、議論の結論のみをポンと渡されるから、デザイナーの悩みが深くなるように思います。

　みなさんと共に働くデザイナーが、いつも忙しそうにしているため、「会議などに呼ぶ暇はなさそうだ」と思う向きもあるかもしれません。しかしながら、プロジェクトの最初期からコミットさせてもらえれば、アイデアを考える時間を短縮でき、結果的に効率も良くなり、ビジュアルの質も上がるはずなのです。

　これはブランド戦略に限った話ではありません。時間がもったいないと思う方ほど、打ち合わせにクリエイティブ担当者を同席させることを、強くおすすめします。

　上記のような、クリエイティブに理解のある体制が整っているのが大前提ですが、「デザインによる問題解決」は容易ではありません。

　見栄えを良くすることが「デザイン」と呼ばれ、デザインを学ぶ場でも、IllustratorやPhotoshopといったツールの使い方を教わる機会はあっても、ビジネスの奥深くに踏み込んだ知識を学ぶ機会はなく、見栄えを整える技能はあるが問題解決はできない人でも「デザイナー」と呼ばれるのが現在の日本です。

しかし、問題解決のデザインは特殊技能で、それができるデザイナーは
そう多くありません。

ブランディングは、装飾的なデザインのみでは実現できないため、問題
解決できるデザイナーがいない場合、自社の人材のみでネクストブラン
ディングを実現するのは難しいかもしれません。

その場合は、新たに優秀なデザイナーを雇うか、デザインに強みを持つ
第三者のアサインをおすすめします。私の経験上、多くの企業において、
経営層はデザインの知識が十分でなく、デザイナーは経営や戦略の知識が
少ない、というすれ違いが発生しています。ネクストブランディングを実
施するには、双方をつなぎ、互いの意見を翻訳する意識が大切になります。

ポイント② 「体験をつくる」という発想

すでに述べたように、現代はサービス業に限らず、どんなプロダクトで
あっても優れたユーザーエクスペリエンス（体験）が求められます。

自社目線で「モノ」をつくって終わり、という時代はもはや過去です。
ユーザーの視点に立ち、「コト」＝体験をつくる視点・手法が重要な時代に
なっています。

この傾向は、インターネットによって加速しています。かつてのデザイ
ナーは、形や色を考えることが仕事でした。しかし、いまでは、世界でも
指折りの素晴らしい形や色のプロダクトがネット上で見られます。遠い異
国の世界遺産だって高解像度の写真がいくらでも見つけられます。

そんな時代において、人々は「所有する喜び」や「体験する喜び」をより強
く求めるようになっています。

インターネットで見るだけでは寂しいから、実際に所有したい。

写真で見るだけではつまらないから、現地に旅行したい。

　そしてデザイナーや企業も、所有や体験の喜びで勝負する時代となってきたのです。

　また、近年の注目すべきポイントは、モノを提供する店舗ですら、体験（コト）を提供する時代になりつつあることです。そのお店に行くこと自体、いること自体が楽しい。だから行きたくなる。そんな思いを誘導するデザインが求められています。

　先ほども触れたスターバックスコーヒーは、東京都目黒区に「STARBUCKS RESERVE ROASTERY TOKYO」（以下「ロースタリー東京」）をオープンしています。この店舗は、その名の通り店内で自家焙煎を行う特別な店で、ロースタリー東京は世界で5店舗目。日本には2020年3月の時点で東京にしかありません。

　このロースタリー東京は、当社の東京事務所のすぐ近くにあり、オープン日の喧騒をある程度目の当たりにする機会がありました。数時間待ちの行列ができて、入店するまでにほかのカフェで休憩した方もいたそうです。まるで落語のような話ですが、スターバックスのファンの方々が、飲食のみを求めて並んだわけではないとよくわかります。

　裏を返せば、インターネット通販が広まり、さらにドローンなどのテクノロジーで利便性も増していくだろう中で、モノを売る店舗に「所有欲」を満たす機能しかないようでは、生き残れなくなっていく——ということでもあります。

　今後、リアル店舗の生き残りには、「ブランドの世界観を体験できる場所」であることが必須条件になっていくのではないでしょうか。ロースタ

リー東京のウェブサイトにも、次のような記載があります。

> 尽きることのない、コーヒーに対する私たちの愛、情熱、願い、魔法を全て閉じ込めた特別な空間を作りたいとずっと夢見てきました。
> スターバックス リザーブ ロースタリー 東京は、コーヒー豆から焙煎にいたるまであらゆる点でこだわりぬいた、のめりこむような体験を心から楽しむことのできる場所です。

まさに、そのものズバリ、"体験" というキーワードでコンセプトが説明されています。

この体験の時代においては、「自社ブランドがどんな体験を提供できるか」を考えるのもデザイナーの仕事です。もちろん形や色を考えることも大切ですが、魅力的な体験を味わってもらうために形や色を上手に使う必要があります。

そのために考えなければいけない要素は、多岐にわたります。

たとえば、JR東日本の交通系ICカード「Suica」は、いちいち切符を買わずに済み、改札を通過するために必要な手続きを大幅に削減する革命的なプロダクトでした。

しかし、そのために考えなければいけないのは、ICカードの中身だけではありません。

人間の行動や反応を誘導するデザインにするには、読み取り機の仕様も考える必要があります。JR東日本は、読み取り機に自然に手が伸び、触れてもらうインターフェースを実現するために、人と機械間の伝達を担う

ヒューマンマシンインターフェースの研究者も招聘し、試行錯誤を重ねたそうです。そして最終的に、手前に約15度傾け、読み取り部をLEDで明るくする仕様にたどり着きました。

さらに注目したいのが、使用方法のネーミングです。Suicaは定期入れなどに入れた状態で使用できるように、非接触ICカードが採用されています。しかし、実際に試用してみると、カードを読み取り部にかざすだけでは通信時間が足りなくなるケースが多発したために、使用方法を「タッチ＆ゴー」方式と呼びました。こうすることで、ユーザーは読み取り部にSuicaをタッチさせようとします。そうすることによって、単にかざすよりも長い通信時間の確保に成功しているのです。

このように、ユーザーの体験をデザインするには、実際に使用する人の気持ちになって、行動や感情の流れをトレースしていくことが大切です。

これまでのデザインに「体験目線」を取り入れていなかった企業は、まず、既存のユーザーがどんな理由で自社プロダクトを選んでいたのか、そして、使用することでどんな気持ちになっていたのかを考えてみましょう。

その感情を強化して、より満足度の高い体験にするために必要なものを考えてください。それが"真のデザイン"です。

ポイント③　ブランドコンセプトを　　　　　　　　全タッチポイントに落とし込む

ブランドとは、五感で受け取るイメージや知識の集合体です。そう考えると、統一感やストーリーの重要性がよくわかります。

たとえば、同じ社内の別ブランドならともかく、コカ・コーラの名前で

スープ系飲料を出すことはないと思われます。なぜなら、コカ・コーラの爽快感をイメージできないからです。

ひとつのブランドの旗の下に集う要素がバラバラでは、それぞれが魅力的であっても埋もれてしまい、差別化を実現できるほどに目立つことはありません。

ですから、たびたび述べていることですが、自社の全タッチポイントが、ブランドコンセプトに一致したビジュアルや体験になることが非常に大切になります。

統一感が増せば増すほど、アップルが一時の苦境を脱し、iPhoneが世界を席巻したときのように、存在感も大きく増していきます。

そのためには、クリエイティブの権限をひとつに集約することが求められます。

中小企業の場合、デザイン機能を自社で持たない場合もありますが、ウェブサイトはA社、写真撮影はB社、ロゴマークはC社と、発注先がバラバラなことが少なくありません（自社制作機能を持っているものの、ウェブサイトとパンフレットなど、制作物によって部署が異なる企業もあります）。正直なところ、このケースは非常に多いのですが、私は一番危険なデザインの発注方法だと思っています。

デザインは、「価値を高めるため」にするものです。

そしてブランドを確立しようとする場合、デザインの対象は、それぞれのプロダクトやウェブサイトではありません。その先にある「ブランドそのもの」なのです。

ブランドの価値を高めるには、ロゴマークから名刺、ウェブサイトやパ

統一感のないブランドと、統一感のあるブランド

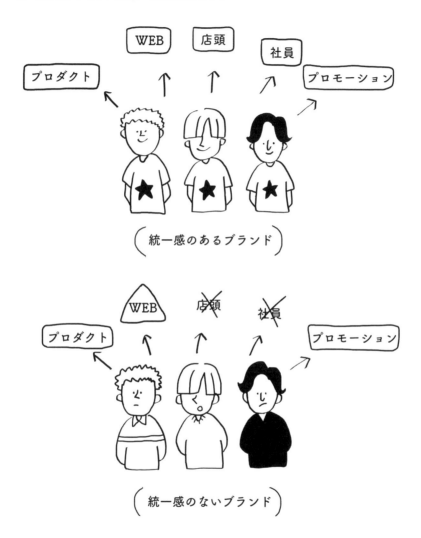

ンフレット、それらに使用する写真、店舗やオフィスの空間デザイン、店舗スタッフのユニフォームまで、一貫性のあるブランド戦略の下、全体をディレクションする必要があります。

　私たちも、ブランディングの依頼があったら、全社横断でデザインを監修せていただけるようにお願いしています。さまざまな事情から、既存のデザイン会社等も入れたいといったご希望がある場合も、他社との連携や、その仕事のディレクションを私たちにさせていただく条件でなければ、お引き受けしないようにしています。

　それだけ、「デザインの一貫性」は、ブランディングにおいて重要なポイントなのです。

　Chapter 4では、この一貫性にも大きく関わる「インナー」について、詳しくお伝えします。

優れたデザイナーの見分け方 COLUMN

　ネクストブランディングを推進する上で問題になるのが、「優れた
デザイナーの見分け方」です。デザイン＝問題解決という認識自体は
まだまだ少数派です。そのため、優れたデザイナーを見分ける基準を
お持ちでない方も多いのです。

　もちろん、知識だけでなく、感性の個人差や好き嫌いもある領域で
すから、誰しもに共通する明確な基準はありません。

　ただ、比較的効果的だろうと思える方法はあります。それが、「デ
ザイナーに自作デザインの意図を説明してもらう」というやり方です。

　真に優れたデザインには、図柄や線の太さ、色、文字の大きさや
フォントに至るまで、「偶然」の入り込む余地はありません。すべてデ
ザイナーが明確な意図でそうしています。線の太さが1ミリ変わる
だけで、印象はまったく別物になります。

　ですから、70ページのコラムのように、「どんな意図を込めてデザ
インしたのか？」を解説してもらうわけです。私もよく、自社のデ
ザイナーに「なぜ青にしたの？」「この文字の大きさにしたのはどう
して？」「このフォントにした理由は？」、そして「何を一番伝えたい
の？」といった本質に触れる質問をします。私たちグロウ・リパブ
リックでは、この質問に対して明確な回答のないデザインは不採用
となります。

　ただし、一般的な企業の場合、解説してもらった成果物が、スクラ

ム方式ではなく左脳偏重で進められたプロダクトである可能性もあ
ります。そうなると、経営層の考えをデザインで表現するに足る材料
が、デザイナーに与えられていないことになるので、そのようなケー
スの説明のみで力量を判断するのは難しいでしょう。あくまでも参
考とお考えください。

　また、優れたデザイナーの特徴として、「審美眼の確かさ」が挙げら
れます。他の人のデザインも含めて、自社のCIやプロダクトについて
意見をもらうのもよいでしょう。

Chapter **4**

ブランディングの本質は
「インナー」にある

ブランディングがもたらす
インナーへの効果

ブランド力はインナーから生まれる

　このチャプターでは、ブランディングの効果のひとつとして紹介した「インナー」について、さらに細かく説明していきます。

　何度も繰り返すように、ブランドはインナーから生まれます。前チャプターで触れたデザインも、インナーに内包されます。たとえデザイン面で私たちのような第三者を入れていたとしても、最終的に決断し、手を動かすのは自社のメンバーです。

　ですから、インナーに効果のないブランディングは、ブランディングとは言えないのです。

インナーからアウターへ

　Chapter 1の説明と少し重複する部分もありますが、ここで改めてブランディングの効果とインナーについて説明します。

　ブランディングの効果は、一般的に企業価値や商品価値を高めるものであり、外部から見えるアウターに作用するものと思われがちです。

　しかし、その効果もあるにせよ、順番としては、「中でつくったもの」を「外に発信する」形になります。近年、従業員に向けたインナーブランディングが注目されていますが、インナーとアウターがセットになっているのが本来のブランディングです。

　ブランディングの初期段階においては、インナーへの効果（社内浸透）を重視するべきです。

　身も蓋もない話ですが、中小企業が一般的な戦略を採用したところで、大手に勝てる可能性は低いかもしれません。

　確固たる柱（ブランド）がない状態で、安易に外向けのプロモーションなどの戦略に走っても、資金力のあるブランドには勝ち目がありません。

　仮に、非常に魅力的な外向けの戦略を実施できたとしても、中身が伴わなければ、大手に模倣されたり、よりスケールアップしたプロモーションで上書きされたりしてしまうだけです。

　まずインナーから始め、自分たちの最大の長所をブランドの柱に据え、そこに注力して中身を充実させます。また、中身が充実してこそ、有効な外向けの戦略を考えやすくなります。

いわゆる"ブランド力"とは、企業の組織行動と表現（コミュニケーション）が伴うことで初めて可視化されます。全従業員がブランドコンセプトに則った組織行動ができるように社内浸透を図り、その上で、ブランドコンセプトに則った社外への発信を行う。そうすることで、ユーザーや取引先が、ブランドコンセプトを実感できるようになるのです。

インナーへの3つの効果

的確な戦略の下に推進されるブランディングがインナーにもたらす効果は、数え切れないほどあると言っても過言ではありません。

ここでは、私たちが特に重要と考える、ブランディングによって得られる以下の3つの効果をご紹介します。

インナーへの効果①　ブランド力の強化

インナーへの効果②　優れた人材の獲得

インナーへの効果③　働き方改革

それでは、順番に説明していきましょう。

インナーへの効果①　ブランド力の強化

ブランド戦略の社内浸透は、企業のブランド力強化に直結します。

当たり前の話かもしれませんが、どれだけ魅力的なブランド戦略でも、従業員のみなさんが「うちの社長がこんなことを言うのは無理がある」「こ

んなブランドをつくるなんて無理だ」などと受け取って、その実現に力を貸してくれないようでは、文字通り絵に描いた餅です。

　繰り返しますが、ブランディングの担い手は企業で働く方々です。経営者や少数のボードメンバーが旗を振るだけで、ブランドが確立されるなら苦労はありません。

　ですから、まず従業員のみなさんが納得し、「これを実現したい」と思える魅力的なブランド戦略を策定することが大前提になりますが、そんなブランドコンセプトができて、社内浸透が進んでいくと、さまざまな好影響が出ます。

　特に大きいのはスピードです。いまの時代は本当に判断スピードが重要になっています。自社のビジネスがどこを目指すのか、強みは何なのか、という点を全従業員が理解していれば、未来の選択肢を大きく絞り込むことができます。

　そうすれば、投入できるリソースも大きくなりますし、指針がバラバラな状態でありがちな「AとBのどちらにするべきだろう？」といった判断に悩む時間も発生しません。

　もちろん、それでも悩ましい事態がゼロになるとは限りません。

　それでも、従業員一人ひとりの中にブランド世界観がしっかり根づいていれば、何か問題があったときに、課題を設定する上で「ブランドにとって有益か？」「うちのブランドらしいと言えるか？」といった強固な判断基準を持てるので、適切な判断を、スピーディーに行えます。

　また、そんな判断基準からブレることなく業務経験を重ねていくと、そ

の人個人からもブランドコンセプトが感じられるようになります。たとえば、有名セレクトショップで働いていれば、その気がなくてもファッションに目覚めていくでしょう。

そんな従業員が増えると、（人間の評価軸はひとつではありませんが）少なくとも自社のブランドコンセプトに好感を抱く人たちの目には、その従業員一人ひとりも魅力的に映るようになります。そして、その人間的魅力は、ブランド価値を高める強固な土台となります。

ブランド戦略ができただけで、いきなり外向けに派手なプロモーションを行っても、従業員の行動が伴わないと、そのタッチポイントに触れたお客さまはがっかりするだけです。しかし、そこで「良い体験」を提供できれば、ブランドのファンを生む、かけがえのない時間の提供になるかもしれないのです。

例を挙げるなら、任天堂のカスタマーサービスなどは、まさに従業員が提供するブランド体験の最たるものと言えます。私もさまざまな話をインターネットなども含めて見聞きしたのですが、特に衝撃を受けたのが次のエピソードです。

ある親御さんが、壊れたお子さんの携帯ゲーム機を修理に出したところ、本体をそのままで修理するのは不可能で、新品状態で戻ってきたそうです。それだけでも素晴らしいことですが、なんとその本体には、元の本体に貼っていたシールが、以前と同じように貼られていたというのです。

繰り返し述べている「体験」の観点で見ると、たくさんのゲームを楽しんできたゲーム機そのものも、ユーザーのゲーム体験、ひいては人生の一部です。そこに対する、深く、大きなリスペクトを感じます。こんなサービ

スを受けたら、きっと任天堂のファンになるでしょう。

　ほかにも、世界的なホテルグループのリッツカールトンで働く方々の行動指針になっている「クレド」は、ビジネス書などでも大いに話題になり、そのサービスの質はよく知られています（クレドは、全世界のリッツカールトン従業員が共有する理念・価値観を文章化したものです）。

　たびたび述べているように、従業員もブランドを体現するタッチポイントのひとつです。そのため、裏を返せば、従業員の応対ひとつでブランド価値が毀損される可能性もあります。全社一丸で臨めるブランド戦略でなければ、ブランディングは成功しません。

　また、従業員はブランドの伝道師でもあります。ユーザーや取引先に、直接自社のブランドについて伝える機会も少なくありません。社員がブランド世界観を深く理解し、腹落ちできていないと、そんな機会に外向けに発信するたびに、伝言ゲームのように本来の意味合いが薄まっていく危険性も考えられます。

　これは、クレドやブランドブックのようなものがあればOK、という話ではありません。

　「クレド」とは、「約束」や「信条」を意味するラテン語です。ホテルを訪れたゲストがリッツカールトンのファンになるのは、クレドに記された信条に則った応対をする約束を、全従業員が果たしているからでしょう。

　ブランディングはインナーの価値や魅力を高めるものですが、社内浸透が甘いと、反対にブランディングの大きな障壁となりかねません。無理に推し進めようとせず、従業員としっかり対話しながら社内浸透を進める意識が大切です。

特に気をつけてほしいのは、「経営者やボードメンバーは、大切なインナーの一員である」という視点です。

　トップは自ら発信し、何度も議論を重ねたことなので、そのマインドがブランドコンセプトから外れることは考えにくいでしょう。

　しかし、それがアウターに現れていないケースがあるのです。

　中には、従業員のみなさんは深く理解しているのに、社長の服装や言動がそぐわない……という非常に困ったケースもあるほどです。当たり前の話ですが、温かいサービスを届ける企業のトップの服装や髪型、メイクに威圧感があったり、言動が乱暴であったりしたら、台なしですよね。

　海外のビジネスシーンでは、特にスタイリングが重視されるので、グローバル展開も視野に入れるブランドの場合は絶対に手を抜けないポイントです。日本では一般的な黒スーツも、ビジネスシーンで着用されることは滅多にありません。有名企業のトップは、スタイリストをつけている方も多いほどです。

　企業の構成員はすべて、MVV（ミッション・ビジョン・バリュー）からズレた言動をするべきではありません。これは誰にでも言えることですが、最も外からの視線を浴びるのは企業のトップなのですから要注意です。僭越ながら、私たちは「ブランディングをする前に、社長の言動から変えていきましょう」とお話しさせていただくこともあります。

インナーへの効果②　優れた人材の獲得

　人口減少社会となった日本において、優秀な人材の獲得および離職防止は、緊急度の高い経営課題と言えますが、ブランディングは人材の確保にもつながります。

魅力的なブランドを生み出す企業は、人を惹きつけます。

　アップルやナイキで働きたい人が大勢いるのは言うまでもないことですが、これはどんな規模の企業にも言えることです。

　給与や条件面、規模が同じなら、普通はブランド世界観により共鳴できる企業で働きたいと思うものです。人生の充実を求める人が多いいまの時代、条件が下でも、好きな企業を選ぶ若い方も多いそうです。

　つまり、ブランディングに成功すると、採用に必要な手間やコストも大幅に削減できるのですが、教育においても大きな効果があります。ブランド世界観に共鳴して応募してくれる人材は、そのような視点で就職活動をしている時点で優秀な方である可能性が高い上に、自社のブランド戦略をある程度知った上で応募しています。そのため、「すでにブランドについての知識を持った状態」で入社してくれるのです。

　さらに、ブランディングは採用だけでなく、離職防止にも効果を発揮します。

　ネクストブランディングでは、開発フェーズの最後に、「これから自分たちはこうなっていきたい」というブランドビジョンを必ず決めています。これは、まだブランディングの結果が出ていない状態であっても、明るい未来を可視化できるようにするためです。同じような仕事をするなら、より良い将来の展望がある企業で働きたいのは当然のことです。

　そのため、ブランディングを的確に進められれば、自ずと離職率も下がっていきます。

　もちろん、「やりがい重視」の時代とよく言われますが、ブランディングの成果が売上にも現れ始めたら、条件面で従業員のみなさんに報いること

も大切です。

Chapter 2で、ブランドビジョンについて「単に押しつけるのではなく、全員が納得することが大切」と述べたのも、このような理由からです。現場で働く方々から見て、その未来のビジョンが荒唐無稽なものであったら、むしろ「ここで働き続けるのは危険かも……」と不安に思われてしまいかねません。

加えて言うなら、ブランディングは新入社員の離職率も下げられます。

どれだけやる気を持って入社しても、実際に働いてみると、予想外のことは起きるものです。そこで、やる気を削がれてしまう人もいます。特に、社会人経験のない新入社員の場合はなおさらでしょう。

しかし、「どんな企業・ブランドなのか」という情報が事前にあれば、その予想外をゼロにはできなくても、大幅に減らすことができます。

一般的に、人材を新規に獲得するためのコストは、人材を維持するコストの約20倍と言われています。インナーに働きかけるブランディングの実施は、「経営効率」という点で見ても非常に重要です。1人の人材を雇うのに数百万円かかることも珍しくありませんが、それだけのお金があれば、クレドやブランドブックも作成できます。

また、だからこそ、ブランディングは優れた経営戦略だと言えるのです。

ただし、完全にデメリットがないわけではありません。

ブランディングに取り組むことで、離職者が出る可能性もあるのです。これを完全に防ぐのは難しいでしょう。

これまでの記述と矛盾を感じる方もいると思います。ただ、これは本質

的にはメリットと言える出来事です。なぜかと言うと、ブランドの確立に向かう過程で、ふるいにかけられる形の離職であるからです。

　言葉は悪いのですが、ただそれなりに仕事をして、お金がもらえればいいと考える人もいます。口頭ではブランドビジョンに同意を示したものの、実際にそのビジョンが少しずつ実現していくと、そんなタイプの人は、変わっていく自社に居心地の悪さを覚えることがあるのです。

　ですから、喜ばしい出来事ではないものの、「組織がより筋肉質になる」と考えて、そうした離職は受け入れるべきだと私は考えています。ブランディングの本質は、余計な部分を削り、ブランド確立に注力することにあります。これは組織を構成するメンバーにも言えることです。

インナーへの効果③　働き方改革

　近年は「働き方改革」が大きなテーマとなっています。

　現状、「働き方改革に対応するためにブランディングを始めた」という企業はないと思いますので、実証的なデータは出せませんが、ブランディングは確実に働き方改革につながります。

　その根拠として挙げられるのは、次の2つです。

1）スピードの向上による労働時間削減
2）利益体質の強化

　まずは前述した「スピードの向上」と、それによる労働時間の削減です。

　ブランドコンセプトが社内に浸透することで、さまざまな判断に要していた時間を節約できます。複数人を拘束する会議時間なども大幅に短縮で

きます。これからの日本社会は、このような「時間」を軸に戦略を考えるべきです。

労働基準法の改正によって、時間外労働の上限規制が導入され、月60時間以上の時間外労働の割増賃金率が2割5分以上だった中小企業の割増賃金率も5割以上になります。要するに、残業をたくさんさせられない上に、残業時の人件費も増える状態になるわけです。

「残業代は惜しくない」と考える経営者もいるかもしれませんが、たとえば貴社の従業員が有給休暇を完全に取得していなかったらどうでしょうか？　年5日の年次有給休暇の確実な取得も義務化されています。有給休暇の運用がいい加減な企業が、確実に取得・消化しなければいけないようになると、現場への影響は大きいでしょう。そうなると残業代の負担を重く感じる企業も少なくないように思います。

残業が少なくなることで、企業側の人件費の圧縮のみならず、従業員のワークライフバランスにも大きく貢献するので、仕事の質や、自社とブランドへの愛着にも影響が出ます。

また、経営者目線で言えば、残業が常態化している企業は、人件費の問題だけでなく、自社や従業員の可能性を大きく毀損しているかもしれない点に目を配るべきだと考えます。

2019年8月、日本マイクロソフト株式会社は、働き方改革に対応する実証実験として、1カ月間、毎週金曜日を休みにする週休3日制の導入などを試験的に実施しました。

その結果、売上を社員数で割った労働生産性は前年8月比で39.9％アッ

プ、30分以内で終わる会議は46％アップ、リモート会議の割合は21％アップしています。

　無駄な時間を使わないようにする意識によって、売上が減るどころか増えているのです。残業代という支出のみならず、収入にも影響していることがわかります。

　同社は、労働生産性については「さまざまな要因から実現された成果」と断りを入れていますが、それにしても凄い数字です。

　そもそも、リモート会議などのシステムが導入されていない中小企業も珍しくありません。日本有数のIT企業である日本マイクロソフトですらこれだけの効果が出るのですから、われわれ中小企業が無駄な時間を減らそうとすれば、もっと減らせるでしょう。

　この実証実験の結果は、現在の社内にある無駄を削ぎ落とせれば、週4日の労働時間でも十分にこれまで通りの仕事ができること、そして、それどころか、従業員が余計な負担から解き放たれ、自己研鑽のための勉強やリフレッシュにあてられる休日が増えることで、週5日働くよりも良い仕事ができる可能性すら示唆しています。

　ブランディングが働き方改革につながるもうひとつの根拠が、「利益体質の強化」です。長期的な視点に立つと、ブランディングがもたらす最大の効果は「利益の増加」と言えます。

　差別化を実現し、価格競争に巻き込まれなくなることで、粗利が高くなります。さらに、ブランドが確立されれば、黙っていても選んでくれるファンがつくので広告宣伝費が圧縮され、先述した理由により人件費も下

がります。また、無駄な残業が減ることで、その他のさまざまな経費も減らせます。

　日本マイクロソフトの実証実験では、2016年の8月と比較して、2019年8月の印刷枚数は58.7％マイナス、電力消費量は23.1％マイナスとなっています。経費の削減のみならず、地球環境保全につながる点からも要注目です。

　つまり、売上や粗利が増える上に、支出も減る。ブランディングは、双方の面から利益の増加に貢献するのです。

　利益が増えて現金預金に余裕ができれば、従業員を増やすのも容易になります。仕事量の多い部署があれば、そこに人を増やしてメンバーの負担を減らせます。そうすれば、働き方改革の面から見ても適切な対応と言えますし、負担が軽くなった現場の仕事の質が上がれば、さらに売上もアップする好循環を生み出すことすら可能となります。

　繰り返すように、ブランディングとは、企業の指針や姿勢を明確にする施策であり、その本質は「余計な部分を削ること」です。

　そんなブランディングを推進することで、従業員に使わせていた不要な時間や、それに関わる支出など、社内のさまざまな無駄が可視化されます。ブランディングは、それらをも削ることができる施策なのです。

インナーブランディングの手法

インナーに働きかける3フェーズ

　それでは、ブランド戦略を社内浸透させ、実行してもらうためには、どのような手法を用いればよいのでしょうか。

　代表的なのは、前述したリッツカールトンの「クレド」のように、ブランドコンセプトや、それに則った行動規範を記したブランドブックなどのツールを作成し、配布する手法です。

　Chapter 2で述べたように、言葉だけでは受け取るイメージが一致しない可能性もあるため、近年はブランドブックにビジュアルを多用したり、ブランドビデオを作成するなど、感性に訴えるツールも増えています。

　また、ブランドブックの解説をしたり、そのコンセプトをベースに、ど

のような行動をすればよいのかを教えたりするセミナーやワークショップの開催も効果的です。講師から学ぶことで、理解度が高まるだけではなく、参加する従業員の一体感を創出し、「ブランドコンセプトを自分たちが体現するのだ」というモチベーションを喚起する効果も期待できます。

　大切なのは、以下の3つのフェーズをなぞることです。それができれば、実際に用いるツールは、どのようなものでも問題ありません。

フェーズ①　フラッグを立てる

フェーズ②　メンバーへの浸透

フェーズ③　効果測定

　では、それぞれ詳しく解説していきます。

フェーズ①　フラッグを立てる

　インナーブランディングに限った話ではなく、ブランディングの「基本のキ」ですが、まずブランドとして目指す指針や姿勢を明確にします。

　ここで「フラッグを立てる」という表現を用いたのは、従業員目線でわかりやすい、シンプルかつ本質的なものにする意識が大切だからです。

　より具体的に言えば、ブランド戦略のプロジェクトチームがまとめた資料などが、わかりやすく「これが今後の私たちの目標になります」と従業員に向けてアピールできるものになっている必要があります。

　歴史の長い企業では、創業当時の企業理念や経営理念がそのまま用いられているケースがありますが、その場合、「翻訳」が必要なことがよくあり

ます。特に若い従業員などには、深い部分までメッセージが届いていない可能性も否定できません。

　一般的に、経営者がブランド戦略の柱にしようと考えるエッセンスの多くは、それらの理念に込められているものです。しかし、その思いが共有しにくい表現になっているのであれば、誰が見てもわかる形に翻訳すべきです。企業理念や経営理念を書き換えずとも、わかりやすい表現で、再定義するやり方もあります。

　このような翻訳が必要な企業におすすめしたいのが「パーパスデザイン」です。

　パーパス（purpose）は「目的」や「存在意義」を意味しますが、企業やブランドが存在する理由をわかりやすい言葉で定義していくのがパーパスデザインです。単純な例ですが、自社に「お客さまを笑顔にするため」という存在意義があれば、お客さまの表情が曇るような言動は絶対にNGだとわかります。存在意義がはっきりすることで、従業員のやるべき言動、やるべきではない言動がわかりやすくなるのです。

　たとえば「よなよなエール」というクラフトビールで、大手ビールメーカーとは異なる独自のファンを獲得しているヤッホーブルーイングでは、「ビールに味を！人生に幸せを！」というパーパスを掲げ、大手の画一的な味とは異なるさまざまな種類の個性的なクラフトビールを展開しています。

　そんな同社の採用ページのリンクボタンにはこうあります。

　　　ビール文化を本気で変える知的な変わり者を募集しています。

これを書くことによって、新規に応募する人だけでなく、現社員も「自分は本気でビール文化を変えようとしているか」「知的な変わり者であろうとしているか」というように、言動やあり方を見直すきっかけになります。自然な形でパーパスの浸透を図っている好例です。

　自社やブランドの存在意義を考えるときは、「自社がこれまで存続できた理由は？」「自社のプロダクトはお客さまにどのような形で貢献できているか？」といった問いから、輪郭を少しずつはっきりさせていきます。また、この議論をする際は、経営者やボードメンバーだけでなく、できるだけ多くの従業員を交えて実施してください。そうすることで、現場への浸透度や理解度が格段に上がります。

フェーズ②　メンバーへの浸透

　フェーズ①で納得できる志を掲げることができたら、それを全従業員に伝えていきます。

　何度も述べていることですが、これは口頭や文書で一度伝達するだけで浸透するものではありません。人によっては何度も失敗を重ねて、身に沁みる形でようやくブランドコンセプトを理解するケースもあります。

　ブランドブックをつくって、配布すればよい、というものでもありません。時間はある程度、必要になるものだと考えてください。

　最低限、ブランドブックやブランドビデオのようなツールは必要ですが、その上で大切なのは、「ツールに触れることで得られる学びを深める機会」と「リマインドの機会」を定期的に用意することです。

前者は、ブランドブックの解説動画をつくって共有したり、先述したセ
ミナーやワークショップ等を開催することです。

　後者は、定期的に前者の施策で学んだ内容を思い出す機会を設けること
です。経営者が社員向けのメッセージを出す際に、ブランドコンセプトの
解説になる内容を盛り込んだり、従業員に抜き打ち的にブランドコンセプ
トについて質問したりと、そのやり方はさまざまです。

　シンプルな方法ですが、始業前に、企業理念などの文章を社内で唱和し
たりするのも、これに当てはまります。その際に注意していただきたいの
は、「唱和することが目的になってはいけない」ということです。目的はブ
ランドコンセプトの理解・浸透です。

フェーズ③　効果測定

　そして、最後が効果測定です。先ほどのリマインドにつながる部分もあ
りますが、定期的に従業員の仕事ぶりを評価し、ブランドコンセプトに照
らし合わせ、できていること、できていないことをチェックします。

　ある程度、手間がかかるので、楽ではありませんが、この評価がしっか
りとできると人事評価の基準にも援用できるので、時間を割くだけの価値
はあります。

　効果測定は、企業側の手法の評価基準にもなります。

　基本的には、各従業員への浸透度合いを見る機会なのですが、たとえば
大部分の従業員に共通する「できていないこと」があまりにも多い場合は、
企業側の伝え方に問題がある可能性も否定できません。そのような問題点
を発見する機会にもなるのです。

ブランディングは性質上、何度も手掛けられるものではありません。そのため、どうしても多くの企業や担当者は、探り探り進める格好になります。結果的に行きつ戻りつとなるケースも珍しくないのです。

　最初から社内浸透に効果的な手法を採用できる企業など、そう多くありません。ですから、効果測定の結果を受けて、インナーブランディングのPDCAサイクルを回していくことも非常に重要なポイントとなります。

インナーブランディングは
豊かさを高める

すべてはインナーから始まる

　先ほども、従業員のワークライフバランスについて触れましたが、イン
ナーブランディングの目的は「従業員を豊かにする」ことです。

　ここで言う"豊かさ"とは、人生の充実を意味します。「やりがい搾取」に
なってはいけません。やりがいを感じてもらえるのは重要ですが、先ほど
触れたように、利益が伴うようになれば、積極的に給与や報酬として還元
していきましょう。

従業員を豊かにできなければ「成功」はない

　当たり前の話ですが、仕事は人生の大半を占めます。

　「とにかくお金が稼げればそれでよい、人生の充実は余暇で得る」と考え

られる人もいるものの、ほとんどの人間は、仕事でも充実して、その上で仕事以外の時間でも充実することを願うものでしょう。

　ですから、インナーブランディングとは、従業員に無理やりブランドコンセプトを飲み込ませ、実行させるような施策ではいけないのです。

　従業員の方々に一定の能力があれば、自分では腹落ちできない内容でも「経営層が求めているなら……」と理解し、実行すること自体は可能です。

　しかし、納得できない部分、嫌々な部分がインナーに残ったままブランディングを進めても、魅力的なブランドは生まれません。また、仮に突然変異的に素晴らしいプロダクトが生まれたとしても、現場が疲弊してしまい、持続可能なブランドにはならないでしょう。

インナーブランディングを無理やり行う弊害

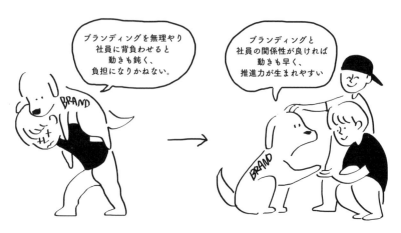

ブランドや、ブランドを体現するプロダクトはインナーから生まれます。インナーのモチベーションは確実にアウトプットに反映されます。

だからこそ、現場が納得できるブランドビジョンを設定する。そして経営層の意識としても、従業員を豊かにすることを目的としてインナーに働きかけるのです。「やらせる」というスタンスでは、ブランディングは成功しません。

従業員の人生が充実すれば、自ずとブランド戦略も活性化し、企業の業績がアップします。その結果、経営層にもリターンがやってくるのです。この順番を履き違えてはいけません。"すべてはインナーから"です。

中小企業に欠けているインナーブランディング

しかし、これだけ重要なインナーに対する働きかけを実施していない企業は多々あります。特に、中小企業の場合は顕著です。

それに対して大企業は、従業員向けの取り組みを行っているところが多くあります。福利厚生的なイベントや、社内報やフリーペーパーの発行などが代表的です。

また、ユーザー向けのオウンドメディアの運営もこれにあたります。形としてはアウターブランディングですが、その記事は自社で働く人が読んでも、驚きや発見がある内容であることが多いので、従業員のモチベーションを高める効果も期待できるのです。

一方、中小企業はそもそも総務部や人事部がない企業も多いので、上記のような施策が行われていない企業も少なくありません。あるいは近年インナーブランディングが注目を集めているのは、そのような問題点が顕在

化してきたからなのかもしれません。

　私たちグロウ・リパブリックは「インナーブランディングなくしてブランディングの成功はない」と考えているので、インナー向けの施策ができていないクライアントには、必ず「まずインナーブランディングから始めましょう」とお伝えしています。人事コンサルタントなど、外部の専門家を招いて進めていくケースも数多くあります。

　もしも「これからブランディングを始めたい」と思うものの、インナーブランディングがあまりできていないと感じる経営者の方がいたら、ぜひ導入していただきたいのが、「モチベーションクラウド（https://www.motivation-cloud.com/）」です。

　モチベーションクラウドは、明確な指標を用意しにくい組織の中身のさまざまな要素を数値化できます。そのため、インナーブランディングを始める際の指標にもなりますし、ブランディングを進めていく上で、前項で触れた効果測定の指標にもなります。

　数値化できない問題の解決は、どうしても手探り状態になりがちです。他方、明確な指標があればPDCAサイクルを回しやすくなります。

大切なのはトップの強い意志

　また、インナーブランディングで注意が必要なのは、ある程度の結果が出てきたあとです。特に、コンサルティング会社など第三者を入れていた企業が独り立ちすると、途端に効果測定などがおろそかになり、取り組みの継続があやしくなるケースが多いのです。

　このような事態を防ぐには、中小企業の場合、「経営者の強い意志」しか

ありません。

とにかく進める。効果測定を忘れない。これに尽きます。

ただ、難しい取り組みを継続させようとするのは従業員の負担にもなるので、続けやすくするための工夫も大切です。

前述のモチベーションクラウドを導入したり、そうでなくとも、「何ができていればブランド浸透が進んでいると言えるのか」という点を考え、評価の判断基準や、重要業績評価指標（KPI）を、できるだけ数値化できる形でつくれるとよいでしょう。「お客さまからの応対評価が7点なら、来期は8点にしていく」といった基準があれば、従業員の目標もはっきりします。

私たちがクライアントによくおすすめするのが、チャットワーク（Chatwork）やスラック（Slack）、キントーン（kintone）などのビジネスチャットや業務アプリを導入して、そのツール内に「良い取り組み」といったグループチャットやチャンネルを作成することです。使用法としては、参加メンバーに、自身の見聞きした同僚の「良い仕事」を書いてもらい、一定期間内に一番評価された人に報奨を出すようにするのです。

こうすることで、ブランドコンセプトに則った「良い言動」のアーカイブが蓄積されます。報奨を目当てに頑張る人も出ると思いますが、それ以上に、ブランドコンセプトに合った好事例が見られる"ブランドブック実践編"と言える場所ができるのがポイントです。特に素晴らしい事例は、ブランドブックを改定する際に例として入れたり、外向けに発信するエピソードにすることもできます。

いまあるリソースを最大限に発揮する

　本チャプターの最後に、経営層のみなさんに強くお伝えしたい点があります。

　それは、「ブランドを生むための芽」となるものは、必ず「いまの社内」にある——ということです。

　これまでかけたハシゴを外し、人材を総入れ替えしても、何も生まれません。それが、どれだけ優秀な人材でも、答えは同じでしょう。

　私たちは、クライアントに社内デザイナーがいる場合は、自立してブランディングのPDCAサイクルを回していけるように、経営目線・ブランディング目線のデザインの勘所をその方にお伝えし、社内メンバーでブランド戦略を推進できるようになるまでお付き合いするようにしています。

　これは、見方を変えると、「問題解決のデザインを学んだことがない方でも、勉強すればできるようになる」ということでもあります。美術大学や専門学校で、形や色、その配置などの意味を学んでいる方々ですから、経営者がデザイン目線を身につけるより早く、MBAとMFAのダブルホルダーのような能力を身につける方もいるかもしれません。

　企業内研究者としてノーベル賞を受賞された田中耕一氏（島津製作所シニアフェロー）と吉野彰氏（旭化成名誉フェロー）は、ともに「もともとやるつもりではなかった仕事」からノーベル賞を受賞するまでになっています。

　田中氏は電気工学を専攻していたものの、島津製作所に入社したら自分よりはるかに優秀なスタッフがいたために、のちにノーベル賞につながる

化学の実験を始めたそうです。リチウムイオン電池の基本構造を確立した吉野氏も、基礎研究を進めるうちにたまたま電池の分野に足を踏み入れていたそうです。

　これらの例は、意図せずに置かれた場所でも、人間は花を咲かせられること、そして、その分野のプロフェッショナルではないからこそ生まれる発想があることを教えてくれます。

　これからブランディングを始めようとする企業は、"ブランディング"という響きに臆さず、思い切って取り組んでください。

　ネクストブランディングの現場でも、クリティカルなアイデアや意見は、必ず企業で働くみなさんから出ます。私たちは、多くのブランディングの現場を見てきていますが、できることはあくまでも議論の整理役、ブランドを生むのは御社で働く方々なのです。

　どうか、その可能性を過小評価したり、「ブランディングは大企業のやるもの」などと思ったりせずに、自由で柔軟な発想の下、みなさんの未来——ブランドビジョンを思い浮かべてみてください。

　いよいよ、次のチャプターで最後となります。

　Chapter 5では、改めて経営者やボードメンバーのみなさんにお伝えしたいメッセージを書かせていただきます。

「はじめに」等でも触れた『「デザイン経営」宣言』を発表した特許庁が、その後、「これからデザイン経営にチャレンジしたいと考えるビジネスパーソンの皆様の疑問を解消し、実践する際の参考にしていただくため」として、デザイン経営の実践例を示す資料をウェブサイトで発表しています[※1]。そこでは3つのPDFが公開されているのですが、中でも、デザイン経営に取り組む企業の方々や、デザイン経営の専門家へのインタビュー内容等がまとめられた『デザインにぴんとこないビジネスパーソンのための"デザイン経営"ハンドブック』[※2]は参考になるかもしれません。

　前者のパートには、"デザインは「組織改革」である""デザインは「マインドセット」である""デザインは「ブランディング／マーケティング」である""デザインは「美しさ」である""デザインは「課題発見」である"という見出しが並んでおり、本書で取り上げている内容と共通の視点もあります。

　インタビューのパートでは、IDEO共同経営者のトム・ケリー氏や、株式会社リ・パブリック共同代表の田村大氏のインタビュー記事が掲載されています。田村氏は記事中で、「いま世の中において「価値がある」とみなされているものは、「意味」が感じ取れるものです」と述べています。ここまでお伝えした内容に"意味"を感じてくださった方は、本書を読み終えたあとに、こちらもチェックしてみてはいかがでしょうか？

※1　https://www.jpo.go.jp/introduction/soshiki/design_keiei.html
※2　https://www.jpo.go.jp/introduction/soshiki/document/design_keiei/handbook_20200319.pdf

Chapter **5**

ネクストブランディングのための
リーダーのマインドセット

ネクストブランディングの
成功事例

ブランディングは
すべての成長企業に必要なもの

　このチャプターでは、これまでの内容を踏まえ、改めてブランディングの舵を取る方々にお伝えしたいことを書いていきます。ここまでの内容を振り返ると、各チャプターは次のようにまとめられます。

　Chapter 1：大きなパラダイムシフト（革命的変化）が起きた現代において、"ブランディング"という視点は非常に重要。そして、ブランディングは大企業に限った話ではなく、中小企業にこそ必要であり、「他ブランドとの差別化」「スピードのある意思決定」「インナー（モチベーションの強化）」にもつながる経営戦略でもある。

Chapter 2：ネクストブランディングは、次の3つのフェーズが重要である。①さまざまな目線で現状を洗い出し、徹底的に情報を集めて整理し、把握・予測を行う「情報収集フェーズ」。②情報収集フェーズで出し尽くした情報をブランドにするべき柱を明確化し、戦略などの方向性を開発していく「開発フェーズ」。③BIやロゴ、ウェブサイト、店頭、イベント、従業員の一人ひとりまで、ブランドのタッチポイント全体を管理し、具体的なビジュアルやコピー、ツールへと落とし込んでいく「具体化フェーズ」。

Chapter 3：ブランディングにおいて、最終的なアウトプットをつくるデザインは非常に重要であり、左脳と右脳のスクラム方式で進めなければいけない。また、ここで言う"デザイン"とは「装飾」ではなく「設計」であり、「問題解決のクリエイティブ」がデザインの本質である。

Chapter 4：ブランディングはインナー（社内）にも大きな効果をもたらす。「ブランド力の強化」と「優れた人材の獲得」と「働き方改革（への対応）」を実現し、企業の利益を向上させられる。

このように振り返ると、冒頭でお伝えしたように、ブランディングは単なるCIや広告についての戦略ではなく、企業のすべてを包括する経営戦略であると、改めておわかりいただけるのではないでしょうか。

そして"ブランド"とは大企業しか確立できないものではなく、「その企業にしかない柱」を指すものであり、どんな企業にもブランドの芽は隠れています。大手と戦う中小企業や、これから成長しようとする企業にこそ、ブランディングを実施していただきたいと思っています。

ここで、上記の内容を見事に実現している事例を2つご紹介します。

　どちらも、ブランディングとデザインの先進国であるアメリカの企業で、私たちがネクストブランディングの理想的なモデルケースと考えているブランドです。

事例①　シェイクシャック

　1つ目は、「現代のバーガースタンド」をコンセプトとし、日本にも進出しているシェイクシャック（Shake Shack）です。

　「Stand For Something Good（シェイクシャックに関わるあらゆる方々や企業、地域のために我々ができることを）」というミッションの下に、ホルモン剤フリーで健康的に飼育されたアンガスビーフ100％のハンバーガーやホットドッグ、つくりたてのデザート「フローズンカスタード」などを展開し、ファストフード的なブランドとは一線を画した、新しいハンバーガー店としてブランドを確立しています。

　シェイクシャックに行ったことがある方も多いかもしれませんが、まず何よりも、その根幹となるプロダクト（＝ハンバーガー）の美味しさに驚きます。初めて食べたときは、食事というより"体験"と呼んでもいいくらいの衝撃です（その体験を人にも話したくなります）。コアとなるプロダクトがしっかりしていることは、本当に大切なことだと改めて気づかされます。

　また同時に、「お店の世界観」も大事な要素です。統一された黒と緑のカラーとシンプルなデザイン性が特徴です。通常、食を扱うブランドにおいて、食欲減退色といわれる黒や青はあまりいい色とされていません。しかし、シェイクシャックは黒を「高級感」の色、さらにはマクドナルドやバーガーキングといったファストフードとしての「これまでのハンバーガーブ

ランド」と一線を画すためのカラーとして上手に活用しています。

　ネクストブランディングの根幹である"デザイン"は、ペンタグラム（Pentagram）というデザイン会社が一貫して手掛けているのですが、ブランドとしての統一感を強く打ち出すことに成功し、シェイクシャックのブランド戦略の大きな特徴にもなっています。

　また、グッズも非常に豊富です。「ブランド体験」をロゴやビジュアルだけでなく、店舗でも味わえることを計算して、ハンバーガーやホットドッグだけではなく、グッズもそのタッチポイントを増やす要素の1つであることを意識した展開をしていると感じます。スターバックスやアップルもそうですが、グッズに需要があるということは、それだけファンが多い優れたブランドだという証拠です。

事例②　ホールフーズ・マーケット

　ホールフーズ・マーケット（Whole Foods Market）はオーガニックにこだわった小売りチェーンです。

　そのパーパス（目的）を、本書の内容を踏まえて意訳すると、以下のようなものになります。

　　私たちの目的は、人々と地球に良質な食品による栄養を提供することです。そのような高品質の食品を提供し続けることで、他の食品小売業者が提供する商品のレベルが高くなることも目的としています。品質は、ホールフーズの約束です。

　このような理念やパーパス、MVVを持つ企業は、それほど珍しくない

のかもしれません。たとえば、「顧客満足度を最大化する」などと謳う企業は多いように思います。

　ただし、そのような意識を徹底し、コンセプトから外れない言動が現場でも的確に実行され、顧客がそのメッセージをしっかりと受け取っているような企業は限られます。

　ホールフーズは生鮮でも加工品でも、徹底的にオーガニックであること、地産地消することにこだわっています。

　また、安くておしゃれな（＝使いたくなる）エコバッグを多数展開して、ユーザーのブランド体験と、プラスチックごみの削減に貢献しています。このエコバッグが不要になった人は、店舗に置いていけるようになっており、中古のエコバッグは無料で持ち帰ることもできるのです。ほかにも、商品を梱包する段ボールのパッケージに至るまで、素晴らしいデザインがなされていると感じます。

　そして、特に素晴らしいのは、「現場の店員がブランドのタッチポイントである」と考える意識の高さです。

　売り場のエントランスや通路、商品回りには、書店やレコードショップのように、「食材への思い」や「ユーザーへの提案」をするPOPを掲出しています。

　プラスチックごみは削減するべきですが、プラスチック袋がほしい方もいます。レジカウンターではプラスチック袋にするか、紙袋にするかを確認して袋に詰めてくれます。

　どこに何があるのかを尋ねたときの対応も非常に親切です。日本のショッピングモールには、通路が各テナントの前を通過する形で曲線的に

通され、目的の店舗に行くときに他店舗も目につく形にしているところがありますが、ホールフーズの店舗でも真っ直ぐではないうねった通路があります。これは、案内などをすることで、お客さまと店員さんの会話が生まれやすくする意図があるのだそうです。

一貫した意志と優れたデザインがブランドをつくる

このような新興ブランドが大きな存在感を発揮する事例が、欧米には増えていると感じます。これらの新興ブランドが買収される例もありますが、それだけの存在感のあるブランドの場合は、当然ながら買収額も超高額になります。買収後に経営方針が変わったりするとファンには気の毒なのですが、経営者としてはひとつの成功、ゴールと言えるのかもしれません。

そんな新興ブランドには、

● 明確なブランド戦略をブレずに実行する
● デザインが優れている

という共通点があります。

ブランド戦略については、決してそれ自体が目新しいものである必要はありません。たとえば、オーガニックや接客に力を入れたスーパーマーケットは数多くあるはずです。

ポイントは、「いかにその戦略を徹底的に貫けるか」です。ブランドコンセプトに矛盾することなく、愚直にブランド戦略を推し進めるのが強さの秘訣です。

そして、ブランド戦略をデザインの力で伝えることに成功しています。

一見、競合する他社でも言える、目新しいものではない理念でも、「伝わるデザイン」になっていることで、ユーザーの心に刺さるのです。

　差別化が重要なのは、どんな経営者でもわかっていることでしょう。

　しかし、ブランディングに取り組もうとするときに、企業理念やビジョンの部分で差別化を図ろうとするあまりに、その内容がニッチすぎるものになるケースがあります。それでは、共感してくれる人が減ってしまいかねません。

　そうではなく、たとえ他社に言えそうなことでも、同じような企業理念でもいいのです。

　その実現に向けた取り組みをブレることなく徹底して継続し、デザイン（伝え方）を突き詰めれば、差別化は必ず実現できます。

02

経営者に知ってほしい、
ブランディング成功のポイント

ブランディングを成功させる
3つのポイント

　シェイクシャックやホールフーズには、強いこだわりとも言える、明確なブランドコンセプトが備わっています。金太郎飴のように、どのタッチポイントを切っても「らしさ」が感じられます。

　そして、そんなブランディングと密接に連携したデザインがなされ、さまざまなタッチポイントでブランド体験を得られるようになっています。

　では、どうすればこんなブランディングが実現するのか。また、経営者やボードメンバーは何をするべきなのか。

　これまで約400人の経営者と仕事をしてきた中で、私が必要不可欠だと感じるポイントを3つに絞ってお伝えします。

ポイント①　クリエイティブ／テクノロジー／ ソーシャルグッドの視点

クリエイティブの話はこれまでにしてきた通りです。デザインを単なる「最後の仕上げ」だけのものと思わずに、ブランド戦略の最初からクリエイティブ担当者がコミットするようにしてください。

そして、ただ任せるだけではなく、いまや欧米のビジネススクールでもデザインを学ぶように、経営者自身も、クリエイティブの知識や視点をある程度、身につけるべきでしょう。

私たちのような第三者を入れて翻訳させることも可能ですが、理想は経営者やボードメンバーが、デザイナーと同じ言語で会話できることです。

近年、『世界のエリートはなぜ「美意識」を鍛えるのか』(山口周著／光文社新書)や『アート思考——ビジネスと芸術で人々の幸福を高める方法』(秋元雄史著／プレジデント社)など、アートとビジネスについてのビジネス書が人気を博しているのも、クリエイティブの視点を持つことの重要性を示しているように思います。

テクノロジーやデジタルも同様です。

『アフターデジタル——オフラインのない時代に生き残る』(藤井保文・尾原和啓著／日経BP社)で話題の「アフターデジタル時代」がいずれ訪れると考えられています。これは、オンライン・オフラインという区分けすらなくなり、私たちの生活すべてがデジタルに包括される時代を意味します。たとえリアル店舗に足を運んだとしても、その店舗内のシステムもすべてデジタルのコントロール下にあるということですが、すでに無人コンビニ

などで、そのビジョンの一部は可視化されていると言えるでしょう。5G がスタートすることで、その動きは大きく加速するかもしれません。

　このような時代に、デジタル技術の知識がまったくない経営者では問題です。

　もちろん、経営者がすべてのプロである必要はありません。経営者はまず「経営のプロ」であるべきです。不得意な分野は、その分野に強い部下や、社外の第三者を見つけて任せればよいのです。また、そうすることが非常に重要です。

　ただし、人生で音楽を1曲しか聴いたことがない人には、その曲の良し悪し、新しいのか古いのかが判定できないように、まったく知識がないと、他者の強みも理解できません。

　ある程度の知識があることで、他者の持つ「自分にないスキル」の価値を理解でき、仕事を任せるかどうかの判断もできます。その判断自体を第三者に任せることも可能ですが、その第三者が自分を騙して、いい加減な仕事をする可能性もゼロではないので、やはり経営者自らがクリエイティブやデジタル技術に親しみ、視野を広げていこうとする姿勢も大切だと思います。

　そして、ソーシャルグッド。環境や地域コミュニティなどの「社会」に対して良いインパクトを与える活動の重要性は、Chapter 2でお伝えした通りです。

　先ほどお話ししたホールフーズは、まさにこの典型的な事例でした。オーガニック製品の取り扱いはもちろん、地元の食材を積極的に扱い、そ

の生産や加工品の製造にも多く参画していました。

　また、同社のYouTubeチャンネルでは、生産者の思いや日々の仕事ぶり
を発信するなども含めて広く地域への貢献を行い、それを知ってもらうた
めの施策もすることでファンを増やしてきました。そうすることで、通常
の値段設定より3割程度高いと言われる価格でも、プロダクトが「売れ続け
る」力——まさにブランド力を発揮していました。

　加えて、「自社も社会の一員である」という意識は大切です。働きがいの
ある環境、できるだけ良い労働条件なども、広義のソーシャルグッドと言
えるでしょう。

　ミレニアル世代への目配せといった大きな話ではなくても、単純に自社
の悪口などを就職支援SNSなどに書き込まれて、優秀な若者から選ばれ
ない企業になっていくに違いありません。

　そのような観点からも、デジタルやITを学ぶことはおすすめです。自分
にない若い方々の能力の価値は、知識を身につけることで可視化できます。
そうすれば、敬意を抱いて向き合うことも容易になるでしょう。

ポイント②　CCOを設置する

　CCOとは「Chief Creative Officer」の略称です。日本ではまだ一般的な
役職ではありませんが、ブランド戦略に関するすべてのデザイン管理をす
る役職と言えるのがCCOです。近年は「顧客体験の設計」を統括するCXO
（Chief Experience Officer）を設置する企業もありますが、体験を設計す
るのもデザインの領域ですから、CCOと近しい役職と言えるかもしれま
せん。

　大切なのは、経営層にクリエイティブを理解し、ブランディングのデザ

イン戦略を統括できる存在がいることです。そうすることで、経営戦略としてのブランディングの質と実行力が飛躍的に高まります。加えて、他の経営層のメンバーや、現場のクリエイティブ以外の部署のメンバーに、デザイナーの意図を翻訳して伝えることも期待できます。

　また、いまの日本企業は、どうしてもデザイナーやクリエイターが単なる「実行部隊」として組織の下部・末端に配置されがちな点も問題ではないでしょうか。これでは、左脳と右脳が分断されて、経営戦略としてのブランディングがうまく進められません。

　これまで、デザインはどうしてもマーケティングの「あと（または下）」の議題となりがちでした。まず論理的にマーケティング戦略を構築し、それに合わせたデザインを考えるという、Chapter 3でも触れた「リレー方式」でのブランディングが大多数であるように思います。

　しかし、これまでに述べてきたように、それではブランディングは成功しません。理論とデザインが前後の関係ではなく、並列の関係で戦略を推進する「スクラム方式」を実現するには、プロジェクトの始まりからクリエイティブ担当者を参画させることも大切ですが、それに見合った立場や権限を持たせることも大切なのです。

　「問題解決のデザイン」は、何度も述べたように特殊技能です。経営層にCCOのような役員を入れることが理想ですが、そうでなくても、クリエイティブを担当する優秀なメンバーには、それにふさわしいポジションを与えるべきだと私は考えます。

ポイント③　ブランディングは、継続してこそ

つい先ほども、「継続性」の大切さについて触れたばかりですが、重要な話なので改めてお話します。

ブランディングは、本当に「継続してこそ」です。

実際、ブランディングの現場でも、「担当が代わったから方針を変える」とか、「思うような結果が出ないからブランド戦略を変える」といった声がよく聞かれます。これは非常にもったいない話です。

このような考え方が生まれてしまうのは、ブランディングを広告宣伝的な戦略だと考えている方がまだまだ多いからでしょう。経営戦略を、担当

ブランディングには時間が必要（再掲）

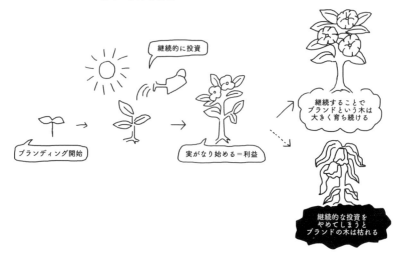

者が代わったり、すぐに結果が出なかったりするくらいでコロコロ変更する企業はまずありません。また、そうしてもうまくいかないでしょう。

決めたゴールにどう近づいていくか、こまめな検討や現在地の確認等の大切さもあるものの、まずは「継続すること」が重要です。年単位でブレずに続けなければ、ブランドは確立できません。

また、一度ユーザーや取引先にブランドと認識されたとしても、継続できなければ、ブランドイメージは簡単に毀損されます。

先ほどポイント①でホールフーズに触れたとき、「典型的な事例でした」「参画していました」などと、ことごとく文末が「〜ました」「〜でした」となっていたことにお気づきの方もいるかもしれません。これは、あえて「過去形」として用いました。

なぜなら、先ほどのホールフーズの事例は、「これから先はどうかわからない」という断り書きが必要になるからです。

ご存じの方も多いと思いますが、ホールフーズは2017年、アマゾンに約1兆5000億円で買収されています。もちろん、それが悪いとは言いません。アマゾンのスケールメリットによって、高品質である代わりに高価格帯であったホールフーズの商品にも値下げがたびたび起こっているようです。また、アマゾンプライムの会員による通信販売の利便性は高く、また店舗でもプライム会員限定の割引きがあるなど、シナジー効果も高そうです。

しかし、多くの報道などを見る限り、ホールフーズのホールフーズたる所以は失われている気がします。

仕入れは本社に一元化され、それはコストダウンの実現につながっているに違いありませんが、各店舗が契約していた地元業者との関係が絶たれ、

各地域のマーケティング担当者も多数解雇されたそうです。オーガニックではない「それなりに高品質で低価格」な大企業の商品も並ぶようになり、品切れで空いている棚が目立つようになっているとも聞きます。

　もちろん、「そんなスーパーのほうが便利でいい」と思う人もたくさんいるに違いありませんが、かつてのホールフーズではなくなっている——言い換えるなら、アマゾンという企業が一貫して示してきたビジョンに沿った、別のスーパーマーケットになりつつあるように思います。

　この例は、ブランドイメージを裏切らない一貫性を保ち続けるために、いかに継続が重要であるのかを示しています。

　すでに述べたように、経営者はブランド戦略の指針と姿勢を示さなければいけません。そして、指針や姿勢というのは、簡単に変更してよいものではないのです（少なくとも、それが従業員も納得した指針や姿勢であるのなら）。

　また、だからこそ、ブランディングの道半ばで不安になり、進行方向を大きく変えるようなことが起こらないように、初期段階で徹底的に議論を重ね、全員が腑に落ちる形で目的地を決定し、ブランディングという船を漕ぎ出さなければいけません。そしてそれは、ホールフーズのように一定の目的地にたどり着いてからも同じことです。ブランド戦略を継続できなければ、「同じブランド」として評価されなくなってしまいます。

　ブランディングは、資産として積み上げられる投資です。5年後、10年後、30年後を見据え、大きな成果を残すためにするものです。

　これをやめてしまうのは、それまでの積み重ねを無駄にする——あるい

は、「投資」のつもりでやってきたことを、1期ごとにリセットされる「経費」にしてしまうようなものです。ブランディングに取り組むなら、最低でも3年はPDCAサイクルを回して細部を修正しながら、しかし大きな方針は変更せずに取り組むべきだと考えます。

　また、ブランディングをするなら、始めからそのような意識で体制づくり、ルールづくりをするのも大切です。

　経営者や、メインの担当者がどうしても代わらなければいけないこともあります。それは前提とした上で、戦略を継続できるようにするべきです。

　たとえば、ブランディング担当者が代わる際には、非常にボリュームのある「ブランド引き継ぎ書類」のようなマニュアルを作成するのが一般的です。このマニュアルの内容は"絶対"で、ブランドを保つための大きな礎となります。これは担当者が代わってから作成するようでは遅いので、ブランド戦略の構築の段階から、ブランドブックなどと併せて制作を進めておくとよいでしょう。

　ブランディングの上手な外資系企業に多いのが、コンサルティング会社などのパートナーを起用した上で、ブランド戦略を同じパートナーと共に推進するAE制（AE＝Account Exective。次ページの上の図に示すように、1つのクライアントに専任となる担当責任者がつくやり方）を採用することです。

　自社の担当者が変わっても、ずっとブランド戦略に伴走してきたパートナーの担当者がいるので、「絶対に変えてはいけない重要な部分」などについてのチェック機能が働きます。次ページの下の図に示した、AE制ではない場合との違いを見比べると、AE制の利点がよくわかるはずです。

AE制とは？

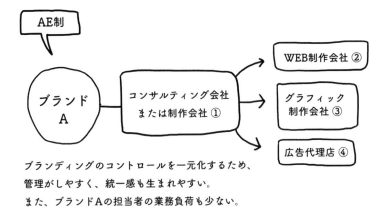

ブランディングのコントロールを一元化するため、
管理がしやすく、統一感も生まれやすい。
また、ブランドAの担当者の業務負荷も少ない。

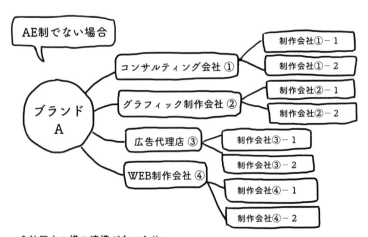

会社同士の横の連携がないため、
ブランディングのクオリティ管理ができず、
バラバラになりがち。また、ブランドAの担当者の業務負荷が多い。

ネクストブランディング＝
デザインブランディング

ブランディングに
最も必要なのはデザイン

　最後に、改めて言わせてください。

　ブランディングに最も必要なものは、デザインだと私は考えています。

　もちろん、デザイン以外を軽んじるつもりはありません。Chapter 3で
も触れたように、左脳的アプローチを軽視するブランディングなどまずな
く、あったとしたら問題でしょう。一方で、問題解決としてのデザインは、
欧米のビジネススクールでは基礎教養となっているのに、日本においては
ほぼ手つかずになってしまっています。

デザインでPODの差別化を実現する

　とはいえ、これはチャンスなのです。「手つかず」ということは、差別化

——それも、一流のコンサルティング会社に負けない理論を身につけようとするような、POPの追いつく差別化ではなく、PODの追い越し、抜きん出る差別化をしやすいのです。

「はじめに」で、デザインに投資している企業、デザインを重視する企業が大きく成長している調査結果をご紹介しましたが、欧米でそれだけの結果を出して注目を集めている領域が、日本においては、ほぼ手つかずになっているのは、目の前に大きなフロンティアが広がっているようなものです。

裏づけが何もないチャレンジなら不安もあるかもしれませんが、すでに「ファーストペンギン（最初のチャレンジャー）」は欧米でブルーオーシャンに飛び込んでいます。それどころか、いまや数え切れないペンギンが殺到して、欧米ではすでにレッドオーシャンになっている可能性すらあるでしょう。

しかし、日本なら話は別です。

規模から品質の時代に移行し、そこで中小企業が図るべき差別化はPODです。そこには無限の可能性が広がっています。

だからこそ、デザインと、デザインを軸にしたブランディングに着手するべきだと私は信じています。

さらに、同じく中小企業の強みであるスピーディーな経営判断を加えて、競合よりも早く一歩踏み出せば、より大きく抜きん出るチャンスが生まれるのではないでしょうか。

デザインは国籍・国境を超える

　また、デザインの最終制作物であるビジュアルは、以下のイラストのように、国籍や国境を超えてイメージを共有し、伝える力を持っている点も非常に重要です。

　「はじめに」で少し触れましたが、今後はターゲットが絞り込まれている、かなり小さな企業でない限りは、グローバルで社会や市場を視野に入れないわけにはいかないでしょう。

　人口が減っていく中で、もちろん国内のライバルに負けないことも大切

ですが、市場が縮小していく中でパイの奪い合いをするのは限界があります。日本の人口と足並みを揃えるように衰退するのを受け入れる予定の企業以外は、意識しないわけにはいかないポイントです。

私は、決してここで「海外進出しよう」と言いたいわけではありません。

もちろん、それもできればよいのですが、資金面や語学力のある従業員の採用など、長期目標としてじっくり考えていくべきでしょう。

問題は、それよりも前に、国内にも「小さなグローバル社会」が存在することです。

そう、日本国内に住み、働く外国人の方々に対するビジネスも、グローバル社内における課題のひとつであり、ビジネスチャンスなのです。

もしかしたら、今後、日本の国力が低下することなくやっていける未来も待っているのかもしれませんが、少子高齢化が加速する先でそのシナリオを実現するのは、いかにテクノロジーが進歩しているとはいえ、少し難易度が高いように思います。

おそらくその場合は、いま以上に減った日本人の人口や若者の分だけ、外国人が日本に定住し、活躍しているのではないでしょうか。

ですから、海外に出ず、国内のみでビジネスを展開するにせよ、日本語が不自由な方でも何かしらの良いイメージを受け取れるプロダクトをつくれるデザイン力や、そのような外国人もビジネスの対象にする視野が求められるようになると考えます。

まだ現状であれば、たとえば不動産会社なら、「日本人にしか対応しない」といった判断も成立するでしょう。そもそも英語や中国語に堪能な従

業員がいなければ、そのための対応を新たにしなければいけません。しかし、すでに外国人向けを打ち出して成功している不動産会社もあるように、現時点でもそれなりの市場規模があるのです。

　これは在留外国人ではなく、主に観光客向けの話ではありますが、日本の有名観光地の近くにある家電量販店や居酒屋などでは、日本語が不自由な外国人の店員さんを見かけることもすっかり当たり前になっています。言葉は悪いかもしれませんが、すでに日本人より外国人のほうが「良いお客さま」になっている業種や場所があるわけです。

　在留外国人にせよ、訪日外国人にせよ、この流れは今後拡大する一方でしょう。

　そんな「日本人以外」のファンをつかむためにも、デザインは非常に重要です。

　立ち上げの段階から、日本を代表するデザイナーの故・田中一光氏が参画した無印良品は、わが国屈指の「継続しているブランド」と言えますが、海外でも「MUJI」として大きな成功を収めていることで知られています。2017年には、MUJIの店舗数が国内の無印良品の店舗数を上回っています。

　この成功にも、デザインの力が大きくモノを言っています。

　また、無印良品は、ミレニアル世代や、その下の世代が求めるものも、いち早く打ち出していた企業と言えます。田中一光氏は、無印良品は「最良の生活者を探求するため」につくられたと語っていたそうです。ユーザーにおもねることなく、「自分たちが最良と考える生活」に求められるものをつくる。そうすれば、自ずとそれを欲する人たちが呼応することを信じていたのでしょう。

このように、シンプルで明確なビジョンやメッセージがあれば、外国語に翻訳しても、そのニュアンスが損なわれる可能性を最大限減らすことができます。このような「シンプルで強いメッセージ」も、無印良品の "デザイン" と言えるでしょう。

ブランディングとデザインで日本企業は大きく飛躍する

私はたくさんの日本企業、そして経営者を見てきました。

「はじめに」でも述べましたが、日本の技術やプロダクト、それを支える中小企業には大きなポテンシャルがあると感じています。

しかし、そのポテンシャルや世界観を伝えられなければ、宝の持ち腐れです。そして、その伝達には、デザインの力と、それをベースにしたブランディングが必要です。

よく、「日本はアメリカより10年遅れている」などと言われますが、これはポジティブに解釈することもできます。それが事実なら、遠からず日本でもネクストブランディングが当たり前になっていくはずです。先述したように、手つかずの領域があるというのは、大きなチャンスでもあるわけですから。

まずは日本国内に。そして、日本から世界に、ブランディングとデザインが広がっていくことを心より願っています。

グローバル対応とローカライズ　　　　COLUMN

　デザインは国境や国籍を超える力を持っています。しかし、「デザインが優れていれば、世界中どんなところでも、どんな人相手でも勝負になる」とは言い切れない点もあります。

　たとえば、国や地域ごとのローカルルールは、言葉以外でも存在します。

　中国と言うと赤色を思い浮かべる方も多いと思うのですが、赤は中国ではめでたい色とされています。そんな人気の色ならよいものの、日本人的には気持ちのいいビジュアルでも、それが「微妙」に見える国や地域がないとは言い切れません。

　ですから、本気でグローバル対応に取り組むなら、ターゲットにしたい人たちの考え方や風習をある程度は理解しておきたいところです。日本人向けとは別に、ローカライズしたプロダクトを用意するケースも考えられます。

　特に、海外進出をするなら、必ず現地に詳しい方（できれば「現地に詳しい日本人」ではなく、その国で生まれ育った人）もアサインしてプロジェクトを進めるべきです。欧米の人気ブランドが日本でのビジネス展開に失敗したケースは多数ありますが、日本文化の理解が浅く、行うべきローカライズができなかったため失敗した可能性が高いとも考えられます。

デザインは世界の共通言語になり得るものです。しかし、同じ日本語を使っていても話が通じない人がどうしてもいるように、「万能の武器」ではないのも事実です。外国人に自社プロダクトを届けようと思うなら、その点にも留意してください。

おわりに

　最後までお読みいただき、ありがとうございました。

　みなさんの"ブランディング"や"デザイン"の定義、これまで持っていたイメージは、良い方向に変わったでしょうか?

　アップルとマイクロソフトがITの覇権を争った1990年代、マイクロソフトの研究開発チームはアップルの10倍の予算と人員を抱えていたそうです。日本でもウィンドウズ95は爆発的に広まりましたが、時は流れ、2020年現在では、アップルに軍配が上がっていると言えるでしょう。

　インターブランドによるブランド価値評価でも、アップルのブランド資産価値はマイクロソフトの2倍以上です。これはユーザーから見ても、それなりに納得感のある数字だと思います。

　では、どうしてアップルは、マイクロソフトを追い越すことができたのか?

　私は、それこそがデザインの力だと考えます。マイクロソフトが覇権を握りかけた時代にも、アップルはデザインに力を入れ続けました。

　10倍という圧倒的な物量差を埋めようとする(POP)よりも、そこではない部分に注力したから、アップルはマイクロソフトを追い抜けた(POD)のだと思います。

　これは、宣伝広告やロゴマーク、プロダクトの見た目だけの話ではあり

ません。

　1999年、アップルがiMacの5色のカラーバリエーションを発表したとき、私はその鮮やかなビジュアルと広告展開に大きな衝撃を受けました。それだけではなく、ユーザビリティ（使い勝手）やライフデザイン（使うことでユーザーの生活が、感情がどう変わるか）の設計もぬかりなく行われていました。

　当時、スティーブ・ジョブズは、これからパソコンを購入しようとする人に対する最も重要な質問のひとつが「あなたのお気に入りの色は何ですか？」になると述べています。これは、自らの本質やビジョンをユーザーに提示し、問いかける行動です。

　いまでは、職場で使うパソコンならまだしも、自分のノートパソコンやスマートフォンで見た目を意識しない人はほとんどいないでしょう。しかし99年当時は、「パソコンとは無機質で地味なもの」と考える人が大多数でした。

　若い読者は信じられないかもしれませんが、ジョブズがiMacで新しいビジョンを提示したことで、私たちはパソコンも「ビジュアルを選べるもの」であることや、そのビジュアルによって自分の部屋や生活が彩られる可能性を知ったのです。

　スマートフォンにおいては、ひと昔前はともかく、現在は機能だけを見れば、iPhoneよりもAndroidの最新機種のほうが優れている点も多いとよく言われます。しかし、それでもiPhoneを選ぶ人がいるのは、単純な機能だけではない、そこから得られる体験を評価しているからではないでしょうか。

本編では「規模の経済」から「品質の経済」に時代は変わったと述べましたが、本書の定義を踏まえれば、品質を生み出すのもデザインです。そして、機能はもはや飽和しつつあります。スマートフォンの全機能を使いこなすユーザーなどそうはいません。

　日本の技術や製品、それを支える中小企業には、まだまだ大きなポテンシャルがあると私は信じています。ですから、これからデザインの重要性に気づき、大きく飛躍する日本企業が増えていくと確信しています。ブランディングは、多くの企業が抱える問題を解決する経営戦略であり、経営課題なのです。

　また、本編でも述べたように、ブランディングは「守り」にも効果を発揮します。インターブランドがブランドの資産価値を初めて可視化したのは1988年のことです。
　Rank Hovis McDougall（RHM）というイギリスの食品会社が敵対的買収を仕掛けられ、インターブランドに相談が寄せられました。同社は当時さまざまな人気ブランドを持っていたRHMを精査し、それらのブランドが持つ価値に着目し、有形資産とともに無形資産として計上する評価法を開発しました。その結果、RHMの買収を試みたオーストラリアの食品会社Goodman Fielder Wattieの提案額には、ブランドの価値がまったく反映されていないとわかり、買収は拒絶されたのです。翌年、ロンドン証券取引所は、このブランド価値評価を認めています。

　ブランディングは、大企業のものでもなければ、派手な広告戦略でもあ

りません。いまの自社に問題を感じる方にこそ、その真価を知っていただきたい。また本書をきっかけに、ブランディングやデザインに注目し、より理解を深めていただきたいと願っています。そのためにこの本を執筆しました。

　今回、執筆の機会をくださり、何度も逃げだしそうになった私を捕まえ（笑）、サポートをいただいたクロスメディア・グループのメンバーに感謝申し上げます。また、多くの相談に乗っていただき、ともに内容をつくり上げていただいた一郎さん。本当に素晴らしい機会となりました。ありがとうございました。

　そして、VJ時代に起業のきっかけをいただきましたGWSの川出さん、大造さん。会社を経営するにあたりさまざまな場面で縁を与えていただいたWSP渡邊さん。学びと刺激を与えてくれるEOのメンバー。心から親友と言える、万死一生、昇龍會の仲間たち。みなさまが与えてくださる経験や学びがなければ、本書の存在は考えられません。感謝いたします。

　最後になりますが、この本を執筆できたのは、ともに切磋琢磨してくれるグロウ・リパブリックのメンバーのおかげです。感謝してもしきれません。ありがとう。

　明日出社されたなら、自社のプロダクトやウェブサイト、オフィスや社内のツールを眺めてみてください。

　そして、「なぜ、こんなデザインなんだろう」「なぜ、この色なんだろう」「なぜ、この形なんだろう」と考えてみてください。

世界の見方を少し変えれば、あなたを取り囲むすべてに、成長の可能性が詰まっていることがわかるはずです。

　本書のデザインが、その見方を変える「スイッチ」の機能を果たしていること、そして、あなたや御社の未来が、素晴らしいものであることを心より願いつつ、筆を擱かせていただきます。

LOVE & PEACE

【著者略歴】

宮村岳志（みやむら・たけし）

株式会社グロウ・リパブリック 代表取締役、エグゼクティブクリエイティブディレクター。

2003 年にグロウ・リパブリックを創業。ブランディング・クリエイティブ事業のかたわら、VJ（ビデオジョッキー）としても活動し、国内外の数多くの有名アーティストとイベントなどで共演。現在は、時流を予測したマーケティングから、コンセプト開発、クリエイティブ、分析・運用まで、一気通貫でディレクションを行っている。特にブライダル業界においては 150 施設以上の案件に携わるほか、美容・ファッション・教育・飲食など幅広い業界で、ビジネスとクリエイティブの両軸の深い理解を武器に、業界で一目置かれるブランドや上場企業のパートナーとして活躍している。その他、バリ島に特化した高級別荘の宿泊サービスの運営や、カフェ・飲食店の経営、音楽関連のグループ会社の経営にも携わる。

https://www.gro-repu.com/

ブランディング・ファースト

2020 年 5 月 1 日　初版発行
2024 年 8 月20 日　第 7 刷発行

発 行　**株式会社クロスメディア・パブリッシング**

発 行 者　小早川 幸一郎

〒151-0051　東京都渋谷区千駄ヶ谷 4-20-3 東栄神宮外苑ビル
http://www.cm-publishing.co.jp

■ 本の内容に関するお問い合わせ先 ‥‥‥‥‥‥‥‥‥ TEL (03)5413-3140 ／ FAX (03)5413-3141

発 売　**株式会社インプレス**

〒101-0051　東京都千代田区神田神保町一丁目 105 番地

■ 乱丁本・落丁本などのお問い合わせ先 ‥‥‥‥‥‥‥‥‥‥‥‥‥‥‥‥‥ FAX (03)6837-5023
service@impress.co.jp
※古書店で購入されたものについてはお取り替えできません

カバーデザイン・イラスト　株式会社グロウ・リパブリック
DTP　荒好見（cmD）
印刷・製本　株式会社シナノ
©Takeshi Miyamura 2020 Printed in Japan

本文デザイン　金澤浩二（cmD）
本文写真　iStock
校正　小倉レイコ
ISBN 978-4-295-40411-8 C2034